FERRET 1976

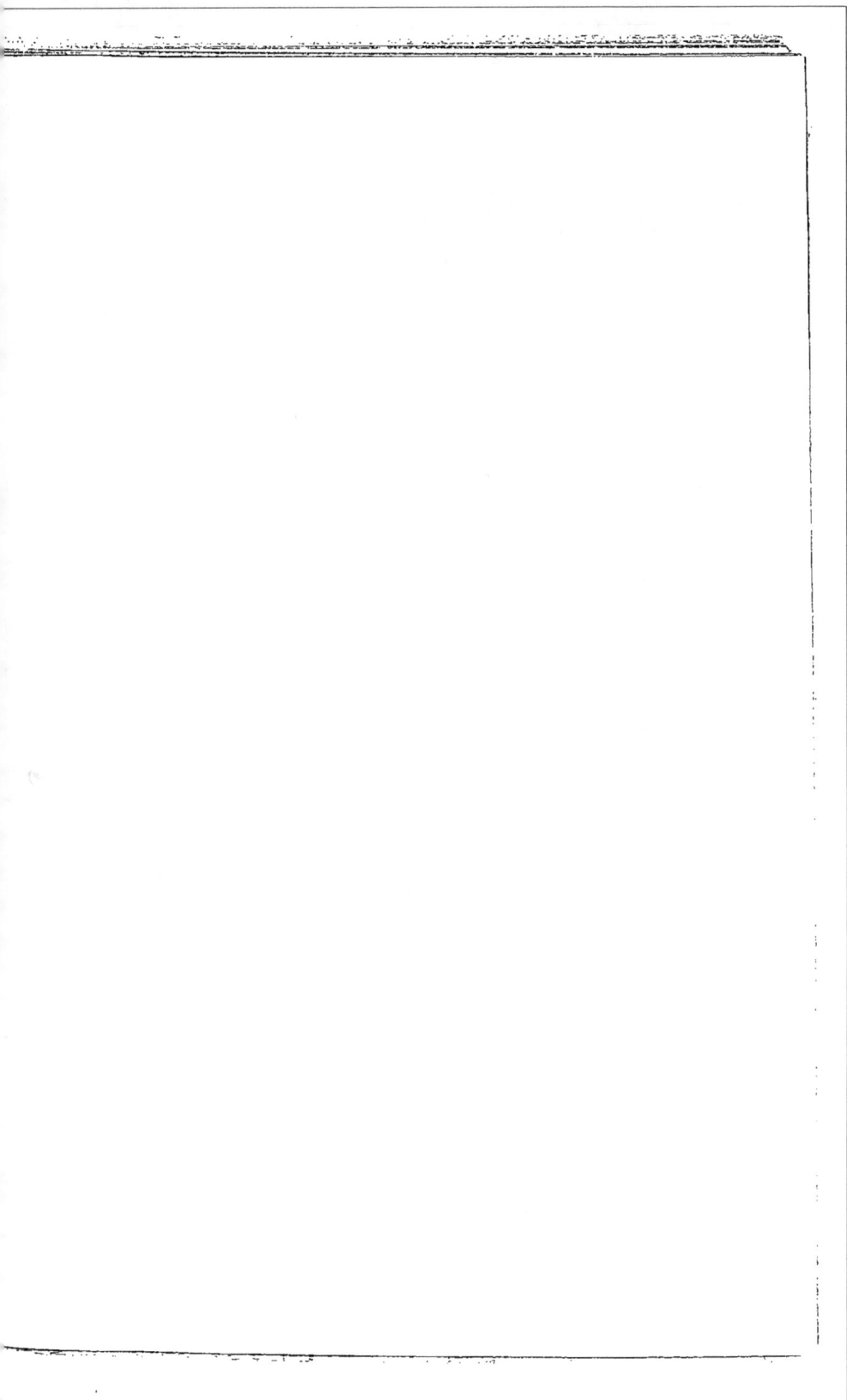

USAGES

ET

RÈGLEMENTS LOCAUX

AYANT FORCE DE LOI

dans le département des Alpes-Maritimes

CONSTATÉS ET RECUEILLIS

PAR DES COMMISSIONS CANTONALES

VÉRIFIÉS ET RÉVISÉS

PAR UNE COMMISSION CENTRALE

NICE

IMPRIMERIE DE V.-EUGÈNE GAUTHIER ET COMPAGNIE

1867

USAGES

ET

RÈGLEMENTS LOCAUX 4681

DU

DÉPARTEMENT DES ALPES-MARITIMES

Nice. — Typ. V.-Eugène Gauthier et Cᵉ, descente de la Caserne, 1.

C.

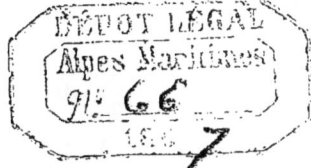

USAGES

ET

RÈGLEMENTS LOCAUX

AYANT FORCE DE LOI

dans le département des Alpes-Maritimes

CONSTATÉS ET RECUEILLIS

PAR DES COMMISSIONS CANTONALES

VÉRIFIÉS ET RÉVISÉS

PAR UNE COMMISSION CENTRALE

NICE

IMPRIMERIE DE V.-EUGÈNE GAUTHIER ET COMPAGNIE

1867

I

AVERTISSEMENT

La préparation du Code rural fait désirer au
ouvernement la formation, par département,
un *Recueil* des usages qui y sont encore en
gueur, et dont beaucoup ont force de loi.
. le Ministre de l'Agriculture, du Commerce et
es Travaux publics a, par diverses circulaires,
1 date, notamment, des 5 juillet 1850, 15 fé-
rier 1855 et 12 juin 1857, invité MM. les Préfets
procéder à la rédaction de cet important tra-
ail.

Désireux de se conformer à ces instructions,
I. le Préfet des Alpes-Maritimes s'est empres-
é, après avoir achevé l'organisation des ser-
ices publics dans son nouveau département,
l'établir un *Questionnaire* de tous les usages
généralement reconnus et observés depuis
ongtemps, et il a institué, dans chaque can-
on, des commissions spéciales, ayant pour
mission de les constater avec le plus grand
soin.

Les commissions cantonales se sont mises
l'œuvre dès 1862, et elles sont parvenues, ap
quelques mois de recherches consciencieus
à présenter, sous la forme de procès-verbau
le résultat de leurs intelligentes investigatio

Revus et complétés dans les bureaux d
Sous-Préfectures, ces procès-verbaux ont é
soumis, le 26 octobre 1863, par M. le Préfet,
l'examen d'une commission centrale, comp
sée des hommes les plus compétents et l
mieux initiés aux usages du pays.

Cette commission a d'abord décidé, sur
proposition de M. le Préfet, son Présider
qu'elle se diviserait en deux sous-commissio
dont l'une serait chargée de réviser et de coc
donner les procès-verbaux se rapportant a
arrondissements de Nice et de Puget-Thénie
(*président*, M. Lubonis), et l'autre, ceux conce
nant l'arrondissement de Grasse (*présiden*
M. Gazan).

Ce travail ayant été terminé, la commissic
centrale a été de nouveau réunie par M. le Pr
fet, et elle a discuté, dans plusieurs séanc
successives, chacune des réponses consigné
dans les questionnaires des divers canton
elle a enfin adopté, le 25 novembre 1863, la r
daction des usages locaux du département tel
qu'elle est présentée ci-après.

II

DOCUMENTS OFFICIELS

Circulaire du Préfet des Alpes-Maritimes à MM. les Juges de Paix du département, au sujet de l'organisation des Commissions cantonales chargées de recueillir les Usages locaux.

Nice, le 12 février 1862.

Messieurs,

S. Exc. M. le Ministre de l'Agriculture, du Commerce et des Travaux publics avait invité, par une circulaire du 15 février 1855, les Préfets de tous les départements de l'Empire à prendre des mesures pour constater et recueillir les usages locaux, c'est-à-dire ceux qui ne sont pas le résultat évident et direct d'un article de la loi, et auxquels les applications qui en sont faites dans quelques localités, ou dans la plupart d'entre elles, donnent un véritable caractère de généralité.

Ce travail, qui est le complément indispensable d'un Code rural à l'étude, se trouve terminé à peu près partout; mais il est nécessaire de le compléter, en y joignant le Recueil des usages locaux des départements annexés.

Pour atteindre ce but, en ce qui concerne les Alpes-Maritimes, je viens de former, dans chaque canton, une Commission que vous présiderez, et qui devra se mettre immédiatement à l'œuvre. Afin de faciliter son travail, j'ai fait imprimer le *Questionnaire*, dont quatre exemplaires sont ci-joints, et dans lequel sont énumérés les principaux faits à constater.

Cette constatation est très-importante, tant pour le service de l'administration que pour celui des tribunaux. L'usage est, en effet, vous le savez, Messieurs, une des sources principales de notre législation. Longtemps, il a été le seul monument juridique d'une partie de la France, et, depuis qu'un Code uniforme, chef-d'œuvre dû à l'inspiration du glorieux fondateur de la dynastie impériale, a succédé à notre ancien droit, il a encore force de loi dans un grand nombre de cas. Ainsi, le Code Napoléon a disposé que l'usufruit des bois (art. 590-593), l'usage des eaux courantes (art. 644-645), la hauteur des clôtures dans les villes et faubourgs (art. 663), les distances à garder entre les héritages pour la plantation d'arbres de haute tige (art. 671), les constructions susceptibles par leur nature de nuire au voisin (art. 674), les délais à observer pour les congés des locations et les payements des sous-locations (art. 1736, 1738, 1753, 1758 et 1759), les réparations locatives ou de menu entretien (art. 1754-1755), les obligations des fermiers entrants et sortants (art. 1777), auront généralement pour règle *l'usage des lieux*, *les règlements particuliers*, *les coutumes*; de même encore, la loi du 14 floréal an XI subordonne aux *anciens règlements* et aux *usages locaux* la direction des travaux qui ont pour objet le curage des canaux et rivières non navigables et l'entretien des ouvrages d'art qui y correspondent.

L'énumération de ces cas principaux suffit pour que l'on comprenne de quelle utilité sera, pour le département, un Recueil des usages locaux, formé avec soin et revu par les personnes les plus instruites et les plus compétentes. Cet ouvrage sera, pour les fonctionnaires comme pour les particuliers, la source des plus précieux renseignements. A l'avantage de fixer et de rectifier, d'une manière presque authentique, des usages peu connus et souvent contradictoires, il joindra celui d'apporter de précieux documents pour l'élaboration du Code rural. Je le recommande, Messieurs, à tous vos soins.

Il va sans dire que la formation des Commissions cantonales n'exclut pas la participation à l'œuvre des personnes qui n'en font pas partie. Tous les renseignements, de quelque part qu'ils viennent, seront accueillis avec empressement.

Agréez, Messieurs les Juges de Paix, l'assurance de ma considération très-distinguée.

Le Préfet des Alpes-Maritimes,

D. GAVINI.

Arrêté préfectoral organisant les Commissions cantonales.

Nous, Préfet des Alpes-Maritimes, Officier de la Légion d'Honneur ;

Vu la circulaire en date du 15 février 1855 et la dépêche du 17 juillet 1861, par lesquelles S. Exc. M. le

Ministre de l'Agriculture, du Commerce et des Travaux publics nous invite à prendre les dispositions nécessaires pour faire constater et recueillir, dans le département des Alpes-Maritimes, les usages locaux qui ne sont pas le résultat évident et direct d'un article de loi, et auxquels les applications qui en sont faites dans la plupart des localités donnent un véritable caractère de généralité ;

ARRÊTONS :

ARTICLE PREMIER.

Une Commission est instituée dans chaque canton, à l'effet de recueillir et de constater les usages locaux qui ne sont pas le résultat évident et direct d'un article de loi.

Ces commissions sont organisées ainsi qu'il suit :

ARRONDISSEMENT DE NICE

Canton de Nice.

MM. MALAUSSENA, maire de la ville de Nice, président;
TIRAN, juge de paix du canton Est;
DURANDY, juge de paix du canton Ouest;
CLERICO, membre du Conseil général;
PICCON, avocat, membre du Conseil général;
ROUBAUDI, membre du Conseil général;
MASSA, ancien président;
ARNULF, notaire à Nice;
GIACOBI (Victor), docteur-médecin;
FARAUT (Fortuné), avocat;
BARRAJA, membre du Conseil municipal.

Canton de Contes.

MM. BINET, juge de paix, président;
Marquis DE CONSTANTIN, membre du Conseil général;
GIACOBI, maire de Contes,
ALARDI (André), notaire;
ALARDI, avocat;
RUBINI, desservant de Bendejeun.

Canton de Levens.

MM. FÉRAUD, juge de paix, président;
BAUDOIN, maire de Levens;
RAYNAUD, curé de Levens;
RAYNAUD, maire de la Roquette-Saint-Martin;
RAYBAUD, avocat à Nice;
MORANDI, propriétaire, à Saint-Martin;
TOURDO (Léopold), propriétaire, à Tourette.

Canton de Menton.

MM. VÉRANY, juge de paix;
DE MONLÉON, maire de Menton;
Baron PARTOUNEAUX, membre du Conseil d'arrondissement;
OTTO, maire de Roquebrune;
De BOTTINI, notaire;
CARLES, curé de Menton.

Canton de Breil.

MM. BLANCHI, juge de paix, président;
Baron CACHIARDI, maire de Breil;
DAVEO, notaire à Saorge, membre du Conseil d'arrondissement;
VÉRAN, notaire à Breil;
BOTTONE, maire de Saorge.

Canton de Saint-Martin-Lantosque.

MM. FABRE, juge de paix, président ;
Cagnoli, maire de Saint-Martin-Lantosque ;
Barelli, adjoint au maire ;
Mathieu, maire de Roquebillère,
Baldoni, maire de Belvédère ;
Thaon, avocat, maire de La Bollène ;
Corniblon, pharmacien à Roquebillère.

Canton de Sospel.

MM. André, juge de paix, président ;
Borriglione, maire de Sospel ;
Alberti, colonel en retraite, membre du Conseil d'arrondissement.
Toesca, curé de Sospel ;
Thomas, commissaire de police ;
Gasparini, maire de Moulinet.

Canton d'Utelle.

MM. Amici, juge de paix, président ;
Millo, maire d'Utelle ;
Passeron, chirurgien à Lantosque ;
Ciais, curé d'Utelle ;
Roubaudi, maire de Lantosque ;
Thaon, suppléant du juge de paix, ancien percepteur.

Canton de Villefranche.

MM. Ginésy, juge de paix, président ;
Ferry, maire de Villefranche ;
Montolivo, docteur-médecin ;
Biancheri, avocat, ancien député ;
De Brès, membre du Conseil d'arrondissement ;
Fighiera, maire d'Eze.

Canton de l'Escarène

MM. DONADEI, juge de paix, président;
BARRALIS (Adrien), conseiller général;
FULCONIS, membre du Conseil d'arrondissement;
DELEUZE, maire de l'Escarène;
CAUVIN, curé de l'Escarène;
ROSTAGNI, docteur-médecin;
GALLI, notaire à l'Escarène.

ARRONDISSEMENT DE GRASSE

Canton d'Antibes.

MM. GUIDE, juge de paix, président;
ROSTAN, maire et suppléant du juge de paix;
GAZAN, colonel en retraite, membre du Conseil général;
BÉRENGER, notaire, membre du Conseil municipal;
RAPHELIN (Honoré), membre du Conseil municipal;
RICHARD, ancien greffier de la justice de paix;
SÉMÉRIE, maire à Biot, membre du Conseil d'arrondissement;
GUIRARD (Joseph-Honoré) père, expert à Biot;
AYNAUD, notaire et maire, à Vallauris;
LISNARD, suppléant du juge de paix et membre du Conseil municipal;
BEL (Jacques), ancien greffier de la commune de Vallauris et expert.

Canton de Saint-Auban.

MM. LOMBARD, juge de paix, président;
BONNOME, maire de Saint-Auban;
COTTON (Pierre-Alexandre), notaire Briançonnet;
GEOFFROY (Napoléon), notaire à Valderoure;
FANTON (Ambroise-Joseph), greffier du juge de paix de Saint-Auban;
BERNARD (Etienne), adjoint à la mairie de Saint-Auban.

Canton du Bar.

MM. Baliste, juge de paix, président;
  Euzières, maire du Bar;
  Euzières (Christophe), maire de Tourettes;
  Ardisson (Ferdinand), maire de Valbonne;
  Guintran, adjoint à la mairie du Bar;
  Thomain (Pierre-Joseph), propriétaire à Châteauneuf.

Canton de Cannes.

MM. Einesy, juge de paix, président;
  Legoff, maire de Cannes;
  Guillaume, ingénieur en chef des ponts et chaussées, membre
    du Conseil général;
  Millet, membre du Conseil d'arrondissement;
  Négrin, maire de Mouans-Sartoux;
  Brun, maire de Mandelieu;
  Calvy (Prosper), propriétaire au Cannet;
  Alliéis (François-Emmanuel), propriétaire à Cannes;
  Roustan aîné, propriétaire à Cannes;
  Violet, notaire à Cannes;
  Pugnet, greffier de la justice de paix du canton de Cannes;
  Barbe, négociant à Cannes, ancien membre du Conseil général.
  Henry, secrétaire de la mairie de Mougins;
  Cotte, secrétaire de la mairie de Cannes;
  Borniol, notaire à Cannes;
  Tajasque, avocat à Mougins.

Canton de Coursegoules.

MM. Euzières, juge de paix, président;
  Senéquier, membre du Conseil général, résidant à Grasse;
  Isnard, notaire et maire à Coursegoules;
  Dedoue, notaire et maire à Cipières;
  Giraudy, notaire à Bouyon;
  Charrier, notaire à Bezaudun.

Canton de Grasse.

MM. HAMMEL, juge de paix, président;
  MOUGINS DE ROQUEFORT, maire de Grasse;
  LUCE, membre du Conseil général;
  CHIRIS, membre du Conseil d'arrondissement;
  MAURE (Henri), avoué;
  LAUGIER, notaire, suppléant du juge de paix;
  HUGUES, huissier à Grasse;
  SARDOU, greffier de la justice de paix;
  FÉLIX DU ROURET, propriétaire, membre du Conseil municipal
    de Grasse;
  MALVILLAN, propriétaire à Grasse;
  MIREUR, propriétaire.

Canton de Saint-Vallier.

MM. LORREIN, juge de paix, président;
  MAURE, ancien député, membre du Conseil général;
  FUNEL, maire de Saint-Vallier;
  THÉAS (Jean-Baptiste), propriétaire à Saint-Vallier;
  GAIGNARD, notaire et maire à Saint-Cézaire;
  CAVALIER, propriétaire à Cabris, suppléant du juge de paix;
  GASTAUD, propriétaire et maire d'Escragnolles.

Canton de Vence.

MM. MALIVER, juge de paix, président,
  MAUREL, maire de Vence;
MM. RAYBAUD (Jean-Baptiste-Camille), maire de La Colle, conseiller
    général;
  GUÉRIN (Marcelin), ancien magistrat en retraite, à Vence;
  CAYRON (Joseph-Alexandre), propriétaire, à Vence;
  REILLANNE (Pierre-Dominique), adjoint au maire de Vence;
  GIRAUDY (Jean-Baptiste), instituteur communal à Vence;
  ANTONIN (Nicolas), propriétaire à Cagnes;
  EUZIÈRES (Pierre-Julien), propriétaire à Carros.

ARRONDISSEMENT DE PUGET-THÉNIERS

Canton de Puget-Théniers.

MM. MARIN (Casimir), juge de paix, président;
RAYBAUD-PAPON (Hercule), membre du Conseil général;
GINESY (Alexandre), membre du Conseil d'arrondissement, mai
de Puget-Théniers et notaire;
CORPORANDY (Joseph-Honoré), greffier de la justice de paix;
DROGOUL (Cyrille), propriétaire;
BARETTI (Jean-Baptiste), fabricant de draps.

Canton de Guillaumes.

MM. Le juge de paix, président;
CESSOLE (Comte de), membre du Conseil général;
DURANDY (Adolphe), membre du Conseil d'arrondissement
maire de Guillaumes;
AILLAUD (Charles), membre du Conseil d'arrondissement
notaire;
CLINCHARD, greffier de la justice de paix;
LIONS (Jean-Baptiste), capitaine en retraite;
SALICIS, docteur en médecine.

Canton de Saint-Étienne.

MM. AYRAUD, juge de paix, président;
SAUVAN (Maxime), membre du Conseil général;
CAFFARELLI (Sébastien), membre du Conseil d'arrondissement
FULCONIS (Victor), notaire et propriétaire;
ROVERI (Étienne), notaire et propriétaire;
GENTE (Joseph), médecin et secrétaire de la mairie;
FABRON (Joseph), propriétaire.

Canton de Saint-Sauveur.

MM. ROVERI, juge de paix, président;
BERGONDI, avocat, membre du Conseil général:

M. Lombart, docteur en médecine, membre du Conseil d'arron-
dissement;
Blanchi, maire de Saint-Sauveur;
Ciaudo, notaire à Saint-Sauveur;
Donadei, maire de Roubion.

Canton de Roquestéron.

M. Giraud, juge de paix, président;
Escoffier (Eugène), membre du Conseil général;
Andreis (Jean), membre du Conseil d'arrondissement;
Dalmassy (Auguste), notaire;
Brun (Victor), notaire;
Alziary, maire de Roquestéron.

Canton de Villars.

M. Le juge de paix, président;
Léotardy (Barthélemy), membre du Conseil général;
Filibert (Vincent), membre du Conseil d'arrondissement et
notaire;
Donadey (Florent), notaire et membre du Conseil d'arrondis-
sement;
Léotardy (Joseph), avocat, ancien magistrat;
Remusaty (Pierre), propriétaire;
Fabre (Alexandre).

Art. 2.

Il sera procédé, le 5 mars prochain, à l'installation
es commissions par les soins de MM. les Juges de Paix,
ui convoqueront, à cet effet, chacun des membres désignés, en leur donnant avis de leur nomination.
Immédiatement après leur installation, les commis-
ions délibèreront sur les meilleurs moyens à adopter
our accomplir utilement leur mission.

2

Dès que les travaux seront terminés, ils nous en adresseront les résultats par l'intermédiaire de MM. les Sous-Préfets.

Ces résultats seront vérifiés par une commission centrale, qui sera ultérieurement organisée au chef-lieu du département.

ART. 3.

MM. les Juges de paix, présidents, sont chargés d'assurer l'exécution du présent arrêté, qui sera inséré au *Recueil des Actes administratifs* de la Préfecture.

Fait à Nice, le 12 février 1862.

Le Maître des Requêtes, Préfet des Alpes-Maritimes,

D. GAVINI

Arrêté préfectoral nommant une commsssion centrale chargée de réviser le travail des Commissions cantonales.

—

Nous, MAÎTRE DES REQUÊTES, PRÉFET DES ALPES-MARITIMES, Officier de la Légion d'Honneur;

Vu notre arrêté du 12 février 1862, portant nomination des Commissions cantonales chargées, sous la présidence de MM. les juges de Paix, de recueillir et de constater les usages locaux;

Vu les procès-verbaux des opérations de ces Commissions;

Considérant que, pour satisfaire complétement aux prescriptions de la circulaire ministérielle du 15 février 1855, il y a lieu d'instituer une Commission centrale chargée de réviser le travail des Commissions cantonales;

ARRÊTONS :

ARTICLE PREMIER.

Il est institué, près notre Préfecture, une Commission centrale chargée de dépouiller et de réviser le travail des Commissions cantonales qui ont recueilli et constaté les usages locaux ayant, dans le département, un caractère de généralité.

ART. 2.

Sont nommés membres de cette Commission, qui fonctionnera sous notre présidence :

MM. ARNULF, notaire à Nice ;
    BARRAYA, architecte, conseiller municipal ;
    BOTTIN (Antoine), conseiller municipal ;
    CLÉRICO, membre du Conseil général ;
    DABRAY, juge au Tribunal civil de Nice ;
    DURANDY, juge de paix à Nice ;
    FARAUT (Pierre-Octave), docteur en droit, avoué à Nice ;
    GAUTIER (Paul), président de la Chambre de commerce ;
    GAZAN, vice-président du Tribunal civil ;
    GENTY, secrétaire général de la Préfecture, vice-président ;
    LE MOIGNE, président du Tribunal civil ;
    LUBONIS, député au Corps législatif ;
    MALAUSSENA, maire de Nice ;
    PENSA, procureur impérial :
    PICCON, bâtonnier de l'ordre des avocats, conseiller général ;
    SAUVAIGUE, directeur des Domaines et de l'Enregistrement ;
    SCOFFIERO, capitaine de frégate en retraite, commandant du port ;
    TIRAN, juge de paix à Nice ;
    UBERTI, ancien magistrat ;
    CALMETTE, avocat, chef de division à la Préfecture, secrétaire pour l'arrondissement de Grasse :
    MARGUET, chef de division à la Préfecture, secrétaire pour les arrondissements de Nice et de Puget-Théniers.

Fait à Nice, le 11 juin 1863.

Le Maître des Requêtes, Préfet des Alpes-Maritimes,

D. GAVINI.

USAGES ET RÈGLEMENTS LOCAUX DES ALPES-MARITIMES

———⊰⊙⊱———

PREMIÈRE PARTIE

———

USUFRUIT. — COUPES DE BOIS

—

1re QUESTION

(Art. 590 du Code Nap. — Art. 500 du Code civil sarde). (1)

Quel est l'usage suivi quant à l'intervalle à laisser entre chaque coupe de bois taillis de chênes, de pins, de peupliers et d'aulnaies, dont le produit est destiné à être vendu en fagots, au stère, à la brasse où à la canne ?

ARRONDISSEMENT DE GRASSE

Il n'y a point d'usage constant relativement aux coupes de bois de chêne, attendu que cette essence est peu répandue dans l'arrondissement.

Les seuls bois taillis sont ceux de chênes verts, d'ailleurs en très-petit nombre. On les coupe tous les quinze,

_____

(1) Code civil sarde, promulgué par ordonnance du roi Charles-Albert, du 20 juin 1837.

vingt ou vingt-cinq ans, suivant l'exposition et la bonne
venue des plants.

Pour les bois de pins, l'intervalle à laisser pour chaque coupe est de vingt-cinq à trente, quarante ou cinquante ans, suivant les espèces ou suivant qu'il s'agit
d'arbres plantés dans la partie méridionale ou dans la
partie septentrionale de l'arrondissement.

Dans la partie méridionale, la limite extrême, pour les
espèces dont la croissance est la plus lente, paraît être
de quarante ans.

Les essences de peupliers et d'aulnaies étant assez
rares, il n'existe pas d'usage constant et reconnu pour
leur coupe.

ARRONDISSEMENTS DE NICE ET DE PUGET-THÉNIERS

L'intervalle laissé entre chaque coupe de bois taillis,
essence de chêne, est de dix ans dans le canton de Sospel, de huit à dix ans dans celui d'Utelle, de trois ans
dans le canton de Puget-Théniers et de quatre dans celui de
Guillaume. Partout ailleurs, pas d'usage. Les bois taillis
de chêne sont, au surplus, en nombre restreint dans
les arrondissements de Nice et de Puget-Théniers.

Pour les pins, l'intervalle est de trente ans dans le
canton de Villefranche, de trente à quarante ans dans le
canton d'Utelle, de quarante à cinquante ans dans les
cantons de Contes, Saint-Etienne et Saint-Sauveur, et de
cinquante ans dans les cantons de l'Escarène, de Puget-
Théniers et de Guillaume. — Les autres cantons n'ont
pas de bois de pins, ou tout au moins n'ont pas d'usage
pour l'intervalle à laisser entre chaque coupe.

Le peuplier et l'aulnaie sont des essences rares dans
les deux arrondissements. Là même où il en existe, l'in-

tervalle à laisser entre les coupes n'est pas déterminé par l'usage.

2me QUESTION

(Art. 590 du Code Nap. — Art. 500 du Code civil sarde)

L'usage est-il de réserver des baliveaux dans les coupes de bois taillis, et quel en est le nombre par hectare ?

ARRONDISSEMENT DE GRASSE

Il y a peu de bois taillis, essence de chênes, dans l'arrondissement de Grasse. On réserve des baliveaux à raison d'un baliveau par chaque dix mètres de distance.

ARRONDISSEMENTS DE NICE ET DE PUGET-THÉNIERS

Dans le canton d'Utelle, l'usage est de réserver 100 à 200 bavileaux par hectare. On n'en réserve point dans le canton de l'Escarène. Les autres cantons n'ont pas de taillis, ou bien il ne s'y est pas établi un usage constant, quant au nombre de baliveaux à réserver.

3me QUESTION

(Art. 590 du Code Nap. — Art. 500 du Code civil sarde)

Quel est l'usage en ce qui touche au remplacement, par l'usufruitier, des arbres des pépinières ?

ARRONDISSEMENT DE GRASSE

Il n'existe pas de pépinières dans l'arrondissement.

ARRONDISSEMENTS DE NICE ET DE PUGET-THÉNIERS

L'usage général est que l'usufruitier laisse, à la cessation de son usufruit, un nombre égal au nombre qui existait sur la propriété à son entrée en jouissance.

On doit noter, au surplus, que les pépinières sont assez peu communes dans les arrondissements de Nice et de Puget-Théniers.

4me QUESTION

(Art. 593 du Code Nap. — Art. 503 du Code civil sarde)

Se sert-on d'échalas dans les vignes, et quel est l'usage des propriétaires quant à la coupe des bois employés à cette destination ?

ARRONDISSEMENT DE GRASSE

L'usage des échalas n'est pas général. Là où ils sont employés, le propriétaire ou l'usufruitier les fournit, mais le fermier ou métayer les remplace en les prenant sur le domaine.

A Saint-Vallier, toutefois, les vignerons se servent de la bruyère qui vient de la forêt des Maures.

ARRONDISSEMENTS DE NICE ET DE PUGET-THÉNIERS

Dans les différents cantons des arrondissements de Nice et de Puget-Théniers, on se sert généralement d'échalas pour les vignes. L'usufruitier emploie à cet usage les branches provenant de l'élagage ou des arbres morts.

5me QUESTION

(Art. 593 du Code Nap. — Art. 503 du Code civil sarde)

Quel est l'usage relativement aux produits périodiques des arbres, et particulièrement en ce qui concerne la coupe périodique des arbres de diverses essences?

ARRONDISSEMENT DE GRASSE

Les branches des saules sont coupées tous les trois ans; celles des pins, tous les trois, quatre ou cinq ans. Il n'y a de châtaigniers dans l'arrondissement que dans les communes de Coursegoules, des Ferres, de Roquestéron (canton de Coursegoules) et de Vence (canton de Vence).

Il n'y a pas d'usage en ce qui concerne la coupe périodique de ces arbres.

Cantons de Nice est et ouest. — Il n'y a d'autres arbres à coupes périodiques que les saules. La coupe a lieu lorsque la branche peut servir d'échalas.

Canton de Contes. — Les saules s'étêtent tous les trois ans, les chênes rarement, et, le cas échéant, tous les six ans.

Canton de Saint-Martin-Lantosque. — La coupe des châtaigniers, des peupliers et des saules a lieu tous les trois ans.

Canton de Sospel. — La coupe des arbres se fait de deux ans en deux ans.

Canton d'Utelle. — Les coupes ont lieu tous les six ou huit ans.

Canton de Puget-Théniers. — Les branches de chêne sont coupées tous les trois ans.

Canton de Guillaume. — On coupe les branches des chênes tous les quatre ans.

Les cantons de Breil, l'Escarène, Levens, Menton, Villefranche, Saint-Étienne, Roquestéron, Saint-Sauveur et Villars n'ont pas d'usage constant.

DEUXIÈME PARTIE

SERVITUDES — EAUX

—

6ᵐᵉ QUESTION

(Art. 645 du Code Nap. — Art. 659 du Code civil sarde)

Existe-t-il des règlements particuliers sur le cours et l'usage des eaux, et spécialement pour ce qui concerne les eaux des petits torrents *(vulgo* vallons) ?
S'il en existe, quelles en sont la date et les dispositions ?

ARRONDISSEMENT DE GRASSE

Dans le canton de Grasse, il y a des règlements particuliers, émanant du parlement de Provence, sur le cours et l'usage des eaux de la source dite *La Fous*. Ils portent la date des 7 février 1568 et 26 mars 1683.

Il en existe ausssi sur le cours et l'usage des eaux de source dans les cantons du Bar, de Coursegoules, de Saint-Vallier et de Vence, qui émanent, en général, de l'autorité administrative, savoir :

Pour la commune d'Escragnolles, année 1810
—   Saint-Vallier,   id.   1810 et 1827
—   Saint-Cézaire,   id.   1808 et 1845
—   Cabris,   id.   1847 et 1854
—   Conségudes,   id.   7 mai 1825
—   Villeneuve-Loubet, id.   19 juin 1852
—   Vence,   id.   12 mai 1705

Celui de la commune de Bouyon, canton de Coursegoules, a cependant été approuvé par le parlement d'Aix,
le 28 avril 1783.

Ces divers règlements déterminent le mode d'entretien des cours d'eau, les proportions dans lesquelles chaque usager doit y concourir, et le nombre d'heures pendant lesquelles il peut jouir de l'eau.

ARRONDISSEMENTS DE NICE ET DE PUGET-THÉNIERS

Cantons de Nice. — Il existe un recueil de règlements
connus sous le nom de *Bandi campestri* (Bans ruraux),
lequel renferme, au titre VIII : « *des eaux et aqueducs* », et
au titre IX ; « *des petits torrents dits vallons,* » les règlements sur les cours et l'usage des eaux. — Le règlement
général *Bandi campestri* a été promulgué le 17 septembre 1784. (Voir *l'Appendice.)*

Canton de Menton. — La commune de Menton a seule
un règlement sur la matière; il est du 10 septembre
1856, et ses dispositions sont empruntées aux anciennes
ordonnances des princes de Monaco. — Les eaux appartiennent aux propriétaires des différentes vallées. Pendant la saison de l'arrosage, elles sont distribuées entre
eux en proportion de l'étendue de leurs propriétés et
d'après un tableau dressé à cet effet, lequel est déposé
à la mairie. Le Maire fixe, chaque année, le jour où l'arrosage commence et celui où il finit. La distribution de
l'eau est faite par des arroseurs que nomme l'autorité
municipale. Les propriétaires leur paient, à titre de salaire, 10, 12, 15 ou 20 centimes, suivant les vallées,
pour chaque heure d'arrosage. Dans toute autre saison
que celle de l'arrosage, les eaux sont destinées au mou-

ement des usines. L'entretien des aqueducs est à la
charge des propriétaires des usines pour moitié. L'autre
moitié est à la charge des propriétaires, en proportion
des heures d'arrosage employées à leur profit.

Canton de Villefranche. — Il n'y a dans le canton que
deux cours d'eau auxquels les dispositions de l'art. 645
du Code Nap. soient applicables. L'un se nomme *Fuoni
Divina*, et l'autre *Bestaquo*. Ils prennent naissance dans
la commune de la Turbie, et écoulent ensuite leurs eaux
sur le territoire de la principauté de Monaco. Une convention passée entre le Maire de la Turbie et celui de
Monaco fixe les droits des habitants des deux communes.
Cette convention, qui est du 10 février 1813, a été ap-
prouvée par le Préfet des Alpes-Maritimes, le 8 juillet suivant. — Outre qu'elle établit la répartition des eaux entre les propriétaires riverains, elle porte que, lorsque
les moulins communaux seront en exercice, aucun particulier ne pourra détourner les eaux des deux torrents.

Canton de Puget-Théniers. — Trois communes possèdent des règlements, savoir : Rigaud, Auvare et La Croix.
Le règlement de Rigaud est du 21 septembre 1749, et
celui d'Auvare du 19 mars 1775. La date du règlement
de La Croix n'est pas indiquée. — Les propriétaires se
partagent les eaux par journées, en proportion de l'étendue et de la nature de leurs terrains. Ils contribuent
dans la même proportion aux réparations des aqueducs.

Canton de Villars. — La commune chef-lieu a un règlement du 26 juin 1851, approuvé par le Ministère
de l'Intérieur sarde, le 29 décembre de la même année.
Aux termes de ce règlement, les eaux du ruisseau ou
courant d'eau de *Spagnola* sont destinées d'abord à

mettre en mouvement les moulins de la commune, e'
ensuite à arroser les terres inférieures reconnues, de
temps immémorial, comme arrosables. — Les propriétaires de ces terres paient une taxe annuelle au profi'
de la commune. — Néanmoins, les propriétaires aux
quartiers de *Ciaudana, Airetta, Vé lou béal* et autres supérieurs peuvent employer ces eaux pour l'arrosage de
leurs propriétés une fois par semaine et pendant vingt-
quatre heures, c'est-à-dire depuis les trois heures de
l'après-midi du samedi jusqu'à la même heure du di-
manche, sous peine de 5 francs d'amende. — Un agen'
de la commune est préposé pour régler l'arrosage e'
sauvegarder les droits des intéressés.

Les cantons de Breil, Contes, l'Escarène, Levens, Saint-
Martin-Lantosque, Sospel, Utelle, Saint-Étienne, Guillaume, Roquestéron et Saint-Sauveur n'ont pas de règlement.

7me QUESTION

(Art. 645 du Code Nap. — Art. 659 du Code civil sarde).

La coutume règle-t-elle seulement le cours et l'usage des eaux? Et.
dans ce cas, en quoi consiste cette coutume?

ARRONDISSEMENT DE GRASSE

Là où il n'y a pas de règlement, l'usage est conforme
à la loi, c'est-à-dire qu'il autorise le propriétaire le plus
rapproché de la source à s'en servir le'premier, et ainsi
de suite jusqu'au propriétaire le plus éloigné.

Il y a, dans la commune des Ferres (canton de Coursegoules), une coutume qui règle l'usage des eaux du
canal sortant de l'Estéron, entre des propriétaires d'usines et des propriétaires de terrains. Les premiers jouis-

sent des eaux pendant quatre jours de la semaine, les seconds pendant trois jours.

Canton de Breil. — Des arrangements particuliers, faits entre les propriétaires intéressés, règlent l'usage des eaux d'un même aqueduc.

Canton de l'Escarène. — Les propriétaires riverains des torrents se servent des eaux de premier en premier, et pour certains cours d'eau, il y a partage entre les propriétaires, à la suite de conventions particulières.

Canton de Sospel. — D'après la coutume, les riverains emploient les eaux des torrents pour l'irrigation de leurs propriétés. Les propriétaires d'usines qui ont des droits légalement acquis s'en servent également.

Canton d'Utelle. — Même réponse que pour les cantons ci-dessus. — En plusieurs endroits, l'eau est distribuée par un agent, qui touche un salaire des propriétaires.

Canton de Puget-Théniers. — L'eau de la *Roudoule*, torrent qui traverse Puget-Théniers, appartient, d'après la coutume, à l'arrosage des prés, jardins et rues, le mercredi de chaque semaine, de minuit à dix heures du matin, et le samedi, depuis deux heures de l'après-midi jusqu'à minuit du lundi (trente-quatre heures). Les autres jours, l'eau est pour l'usage des usines.

Canton de Saint-Etienne. — Des conventions écrites, faites entre les propriétaires riverains, déterminent le nombre d'heures pendant lesquelles chacun peut arro-

ser, et le moment de la journée où doit commencer cet
arrosage. — Même réponse pour une partie du canton
de Saint-Sauveur et pour le canton de Villars.

Dans les cantons de Contes, Levens, Saint-Martin-Lantosque, Guillaume et Roquestéron, le cours et l'usage
des eaux paraissent n'avoir donné lieu à l'établissement
d'aucune coutume.

8ᵐᵉ QUESTION

(Loi du 14 floréal an II, art. 1ᵉʳ)

Existe-t-il des règlements, et, à défaut de ces règlements, des usages
relativement au curage des ruisseaux? En quoi consistent les uns et
les autres?

ARRONDISSEMENT DE GRASSE

Il n'existe point de règlement à cet égard. Les riverains, seulement, contribuent, pour leur part et selon
l'importance de leur héritage, au curage et à l'entretien
des cours d'eau. Dans le canton de Coursegoules, une
coutume plus équitable appelle à contribuer au curage,
non-seulement les riverains, mais encore les propriétaires
intéressés au curage.

ARRONDISSEMENTS DE NICE ET DE PUGET-THÉNIERS

Cantons de Nice. — Le Recueil des *Bondi campestri*
règle le curage des ruisseaux. Selon les dispositions de
ce règlement, maintenu par l'usage, les riverains sont
tenus au curage au moins une fois par an, dans le mois
d'août. Toutefois, si les circonstances l'exigent, ils peuvent être astreints à les curer plus fréquemment.

Canton de Contes. — L'usage universellement exis-

ant est que les ruisseaux soient curés par les propriétaires riverains, qui se servent des matières extraites pour
exhausser les bords de leur propriété, et former, de cette
façon, une digue contre les eaux.

*Cantons de l'Escarène, Saint-Martin-Lantosque, Utelle,
Saint-Étienne, Saint-Sauveur et Villars.* — D'après l'u-
sage, chaque propriétaire concourt au curage en proportion de l'étendue de sa propriété.

Canton de Puget-Théniers. — Pas de règlements. Pas
d'usage positif non plus. A Puget-Rostang, toutefois, les
riverains sont tenus au curage. A Auvare, le curage est
fait aux frais de la commune.

Les cantons de Breil, Levens, Menton, Sospel, Villefranche, Guillaume et Roquestéron n'ont ni règlements
ni usages.

BORNAGE

9me QUESTION

(Art. 646 du Code Napoléon. — Art. 561 du Code civil sarde).

Quel est l'usage suivi pour la plantation des bornes?

ARRONDISSEMENT DE GRASSE

L'usage général est que les bornes se font au moyen
de pierres dures, bien fixées dans la terre et marquées
d'une croix, dont les branches indiquent la direction des
lignes séparatives.

Lorsqu'on rencontre des rochers, on y fait des croix ; et comme, en tous cas, on a coutume de rédiger des procès-verbaux de bornage, l'emplacement de ces croix et des points de repère est très-clairement déterminé.

Dans les pays en pente, les murs de soutènement sont ordinairement considérés comme limite.

On se sert aussi, mais moins communément, de fossés pour la délimitation des héritages.

ARRONDISSEMENTS DE NICE ET DE PUGET-THÉNIERS

On peut dire que l'usage est le même dans tous les cantons des deux arrondissements. Voici en quoi il consiste généralement : on fixe dans la terre, en présence des parties intéressées, trois pierres d'une certaine hauteur; celle du milieu, plus élevée que les autres, est appelée *terme*, et les deux plus petites, *témoins*. Les pierres sont placées dans la direction de la ligne séparative. Dans les localités où il existe des rochers, on établit le bornage au moyen de croix gravées ou sculptées sur le rocher.

PARCOURS ET VAINE PATURE

10me QUESTION

(Art. 648 du Code Nap. — Art. 563 du Code civil sarde)

Le parcours et la vaine pâture existent-ils ? De quelle manière les exerce-t-on ? De quelle manière peut-on s'en affranchir ?

ARRONDISSEMENT DE GRASSE

Le droit de parcours existe dans les communes de Coursegoules, Gréolières et Bezaudun. Quoiqu'on ait eu

rtout en vue, en l'établissant, de faciliter l'abreuvage
es bestiaux, néanmoins ce droit s'exerce complétement;
ais seulement sur une partie du territoire de ces com-
unes.

La vaine pâture n'existe que dans les cantons de Saint-
allier et de Coursegoules, et dans les communes de
aussols, Gourdon et Courmes, du canton du Bar.

Ces droits s'exercent sur les prairies naturelles après
a première coupe, sur les terres en friche, et, généra-
ement, sur tous les héritages où il n'y a ni semences, ni
ruits.

On s'en affranchit par l'ensemencement en céréales ou
n prairies artificielles et par la clôture et le boisement.

ARRONDISSEMENTS DE NICE ET DE PUGET-THÉNIERS

Le parcours, c'est-à-dire le droit réciproque de pâtu-
age entre deux ou plusieurs communes, n'existe nulle
art.

Nous allons faire connaître ci-après l'usage suivi dans
es différents cantons, en ce qui touche la vaine pâ-
ure.

Canton de Breil. — Un acte portant la date du 7 sep-
embre 1645 a réglé l'exercice de la vaine pâture dans
a commune de Breil. Du 15 avril au 2 août de chaque
année, les habitants font paître sur les terrains commu-
aux et sur les propriétés particulières en friche les bes-
iaux de toute nature, sans distinction de gros et de
menu bétail, qui leur appartiennent en propre. Du 2 août
de chaque année au 15 avril de l'année suivante,
e droit de pacage sur ces mêmes terrains appartient
exclusivement à un certain nombre de particuliers. Néan-

moins, les habitants ont la faculté d'envoyer sur l
pâturages leurs bêtes de bât ou de trait et le gros béta
tels que bœufs ou vaches, sans aucune limitation qua
au nombre.

La Commission cantonale estime que l'usage de la vai
pâture est très-utile ; qu'il est tellement passé dans l
habitudes de la population, qu'on le considère comm
un droit, et que sa suppression, en amenant une dimin
tion considérable du bétail, diminuerait considérabl
ment aussi la quantité des engrais, et porterait un préj
dice grave à l'agriculture.

Canton de Contes. — Dans la commune de Châteat
neuf, la vaine pâture s'exerce sur les terrains appelé
bandites. Elle commence le 20 novembre sur ceux de c
terrains que l'on désigne par le nom de *terciers,* et q
sont communs à tous les *bandiotes.* Sur les autres partie
la vaine pâture commence le 30 du même mois. El
finit le 1er juin. Pendant ce temps, les terres en frich
enclavées dans les bandites et appartenant aux part
culiers sont, comme les autres, assujéties à la vain
pâture au profit des *bandiotes.* A toute époque, néar
moins, chaque habitant a le droit d'introduire sur le
bandites, seigneuriales ou particulières, un nombre dé
terminé de têtes de gros et de menu bétail.

Dans la commune de Coaraze, la vaine pâture pou
les bandiotes commence le 20 novembre et finit 1
20 mars. Les bandites de cette commune ont, comm
celles de Châteauneuf, des quartiers connus sous le nor
de *terciers,* lesquels sont accessibles, pendant le temp
qui vient d'être indiqué, à tous les bandiotes indistincte
ment. Après le 20 mars, tous les habitants peuvent fair

paître leurs bestiaux sur toutes les bandites. Le troupeau chevrier communal est, d'ailleurs, conduit, d'un
bout de l'année à l'autre, sur tous les terrains sujets à la
dépaissance.

Canton de l'Escarène. — La dépaissance a lieu dans
la commune de Peille sur tous les terrains en friche, du
4 juillet jusqu'au 1er novembre. A partir de cette dernière date jusqu'au 3 mai, le droit de pâturage est ré-
servé, en vertu d'un acte du 27 avril 1635, aux seuls
propriétaires des bandites. Du 3 mai au 4 juillet, le droit
de pâturage appartient à la commune, qui l'afferme au
profit de la caisse municipale.

Dans la commune de Lucéram, le droit de dépaissance
sur les terrains en friche est réglé par un acte du 4
novembre 1635; il appartient à quelques propriétaires
de bandites, et s'exerce depuis le 15 août jusqu'au 8
avril. Pendant le reste de l'année, les terrains incultes
sont ouverts à la vaine pâture, au profit de tous les habitants, soit que ces terrains appartiennent à des particuliers, soit qu'ils appartiennent à la commune. Le pâturage sur ces derniers terrains donne lieu, du reste, à la
perception d'une taxe proportionnée au nombre et à la
quantité des bestiaux.

Canton de Levens. — La vaine pâture est généralement en usage dans ce canton, à l'exception, toutefois,
des communes de Levens et de Tourrette.

A Aspremont, le territoire est divisé en plusieurs bandites. Deux d'entre elles sont affermées au profit de la
caisse municipale, du 30 novembre de chaque année au
30 mai de l'année suivante. Pendant la même période,
les autres bandites sont affermées par les ayants-droit des

comtes de Lascaris. Les habitants de la commune en ont
la jouissance pendant le reste de l'année.

A la Roquette Saint-Martin-du-Var, la commune a, par
une transaction du 3 novembre 1643, cédé à ses créan-
ciers, en paiement d'une partie de ses dettes, le droit
exclusif de pâturage, sur une portion de son territoire,
du 11 novembre de chaque année au 30 avril de l'année
suivante. Pendant le même laps de temps, les habitants
peuvent faire dépaître sur les bandites chacun trois
bœufs, une vache et un veau, et, en outre, tous leurs
chevaux, ânes et mulets. Ils ont la libre jouissance des
pâturages pendant les autres saisons.

La commune poursuit, tant pour son compte que pour
celui des particuliers intéressés, le rachat de cette servitude. La réalisation de ce projet aura pour résultat
l'abolition de la vaine pâture, mesure vivement désirée
par toute la population.

Canton de Menton. — La vaine pâture n'existe que dans
les communes de Castellar, Gorbio et Sainte-Agnès.

Chaque particulier peut librement faire paître ses bestiaux, soit sur les pâturages communaux non soumis au
régime forestier, soit sur les terrains incultes des particuliers. Le nombre des gros bestiaux est illimité. Quant
au menu bétail, il est prescrit à Castellar que chaque
particulier ne peut tenir qu'une chèvre et deux brebis
ou moutons; à Gorbio, une chèvre et un mouton, ou une
brebis. A Sainte-Agnès, il n'y a de limitation que pour les
chèvres : tout particulier ne peut en tenir qu'une. Pour
chaque chèvre en plus, il paie une taxe de six francs
au lieu de la taxe ordinaire d'un franc. A Sainte-Agnès,
certains terrains communaux sont interdits aux chèvres.
A Castellar, il n'y a aucune taxe sur les bestiaux.

Dans les trois communes ci-dessus, les herbages des terrains communaux, ainsi que ceux des terrains en friche des particuliers, sont affermés au profit de la caisse municipale pour une période de quatre mois et demi environ. Pendant ce temps, les habitants peuvent, néanmoins, conduire toujours leurs bestiaux, soit sur les terrains des particuliers, soit sur les terrains communaux, en se renfermant dans les conditions exposées plus haut.

Canton d'Utelle. — Les propriétaires peuvent conduire leurs troupeaux sur les terrains communaux, moyennant une redevance payée à la commune. Les *bandites* ou *bandides* appartenant aux particuliers, dans la commune chef-lieu, sont également assujéties à la vaine pâture, qui s'exerce depuis le 15 décembre jusqu'au 15 mars.

Canton de Villefranche. — La vaine pâture n'existe que dans la commune de la Turbie. Par un acte du 13 juin 1655, le baron Blancardi a cédé aux habitants de cette commune, moyennant une rente annuelle et perpétuelle de 29 écus d'or (239 fr. 75 c.), une servitude de pâturage créée à son profit sur tout le territoire de la commune.

Depuis 150 ans environ, les habitants exerçaient directement, c'est-à-dire au moyen de leurs propres bestiaux, ce droit de vaine pâture, quand ils convinrent, en assemblée générale, il y a de cela une trentaine d'années, de modifier ce mode de jouissance. La commune fut chargée d'affermer les pâturages à des pâtres étrangers pour le compte de l'association. Les engrais et le prix des baux devaient être répartis entre les associés proportionnellement à leur allivrement ou revenu imposable. La commune fut autorisée à prélever, avant tout partage, une somme de 600 fr. pour frais de gestion; mais, toutefois, à charge par elle de payer aux héritiers du baron Blancardi la rente ci-dessus énoncée de 29 écus d'or.

Canton de Puget-Théniers.—La vaine pâture s'exerce, savoir : à Rigaud, La Croix et La Penne, sur les propriétés incultes et les terrains communaux, après l'enlèvement des récoltes; à Saint-Léger, sur les terrains communaux seulement; à Auvare, sur les uns et sur les autres, sauf au quartier des Vignes; à Puget-Rostang, au quartier de Dene, du 8 septembre au 12 avril (réserve faite des frontières de ce quartier dites Chambard et Fraïsse), et aux quartiers de Briquet et de la Charnée, du 1er janvier au 10 mai. — A Rigaud, on peut s'affranchir de cette servitude en faisant défendre sa propriété et en renonçant à faire pâturer sur les propriétés des autres. A Puget-Rostang, on atteint le même but en faisant placer des signes sur sa propriété ou en faisant publier que le pâturage y est interdit.

Canton de Saint-Etienne. —L'usage n'est qu'une tolérance réciproque. La vaine pâture ne s'exerce pas, au surplus, sur les montagnes dites *pastorales*, qui sont affermées aux bergers de Provence. — On s'affranchit de la vaine pâture en plaçant des signes apparents sur la propriété; ces signes consistent ordinairement à attacher de la paille aux arbres ou à blanchir de chaux une certaine quantité de pierres entassées.

Canton de Guillaumes.—La vaine pâture est établie ou pour l'année entière ou pour une partie de l'année seulement. Les terrains sur lesquels elle n'a lieu que pendant une partie de l'année sont ceux susceptibles de produire des fourrages.

Sous le régime sarde, on ne pouvait s'affranchir de la vaine pâture qu'en s'adressant aux tribunaux, et à la condition de renoncer soi-même à la servitude dont on voulait s'exempter

Canton de Saint-Sauveur.—La vaine pâture n'est pratiquée que dans la commune de Roubion, et pendant l'époque déterminée annuellement par un arrêté du Maire.

Canton du Villars — Elle ne s'exerce que sur les terrains communaux, et seulement pendant une partie de l'année.

La vaine pâture n'est pas en usage dans les autres cantons.

11e QUESTION

Quel est l'usage quant à l'exercice du pacage ?

ARRONDISSEMENT DE GRASSE

La dépaissance des herbes d'hiver par les troupeaux de menu bétail commence en novembre et décembre, et finit, pour les prairies, le 14 février, et, pour les terres incultes, en mai.

Dans le canton de Saint-Auban, la dépaissance n'est permise, pour les prairies comme pour les terres cultivées, que du 29 septembre au 1er mars.

En tout temps, on peut conduire les bestiaux dans les forêts.

Il y a, dans le canton de Coursegoules, un certain nombre de règlements municipaux qui fixent l'exercice du pacage dans les différents quartiers du territoire communal.

ARRONDISSEMENTS DE NICE ET DE PUGET-THÉNIERS

Canton de Breil. — Il est libre pour le gros bétail pendant toute l'année, et, pour le menu bétail, depuis le 15 avril jusqu'au 2 août. Les propriétaires des bandites exercent le droit exclusif de pacage sur les terrains communaux et sur les propriétés particulières, à moins qu'elles ne soient plantées en oliviers ou vignes, ou qu'elles ne soient en prairies.

Canton de l'Escarène. — Le pacage est exercé moyennant une redevance annuelle payée à la commune.

Canton de Levens. — Le pacage existe à Levens, et s'y exerce depuis la Toussaint (1er novembre) jusqu'à la Saint-Claude (6 juin). Il est également en usage à Saint-Martin.

Canton de Sospel. — Les communes afferment les pacages du 1er novembre à la fin d'avril. Ceux de Mouline sont occupés, du 1er juin à la Saint-Michel, par le bétail de bon nombre de propriétaires des communes voisines.

Canton d'Utelle. — Les particuliers font pacager sur leurs terres hors le temps de la servitude des bandites.

Canton de Villefranche. — Le droit de pacage est annuellement affermé sur les terrains communaux, et s'exerce du 15 septembre au 3 mai. Après cette dernière époque, tous les particuliers peuvent y conduire leurs bestiaux. Dans la commune de la Turbie, les propriétaires peuvent faire paître leurs troupeaux sur les pacages affermés, à l'époque même où le fermier en jouit.

Canton de Puget-Théniers. — Les propriétaires ont l'ha

bitude de se réunir en plus ou moins grand nombre et de nommer un berger commun, dont les fonctions s'exercent pendant cinq mois, du commencement de mai à la fin de septembre. Ces bergers sont payés par tête de bétail, et les propriétaires traitants sont solidairement tenus au payement vis-à-vis d'eux. Les bergers sont, d'ailleurs, responsables des dégâts accasionnés par le bétail dans les champs, et des pertes d'animaux survenues par leur faute.

Canton de Saint-Etienne. — L'introduction de tous les bestiaux sur les terrains communaux a lieu moyennant le payement d'une taxe municipale. Le pacage commence après la disparition de la neige et finit à la mi-octobre.

Canton de Guillaumes. — Le pacage est exercé à droits égaux par tous les propriétaires payant une cote, sur les terrains privés et sur les terrains communaux, moyennant une rétribution fixée par le Conseil municipal.

Canton de Saint-Sauveur. — Chaque habitant a la faculté de mener paitre son bétail sur les terrains communaux, en se soumettant au payement de la taxe municipale.

Canton de Villars. — Les communes font faire annuellement par les propriétaires une déclaration du nombre des têtes de bétail qui doivent pacager sur les terrains communaux, et en formant un rôle d'après la taxe établie, lequel, après approbation préfectorale, est recouvré par le receveur municipal.

Il n'existe pas d'usage constant dans les cantons de Nice, Contes, Saint-Martin-Lantosque, Menton et Roquestéron.

ARBRES. — DISTANCE

12me ET 13me QUESTIONS

(Art. 671 du Code Nap. — Art. 603 du Code civil sarde)

12me Existait-il dans le canton, au moment de la promulgation du Code Napoléon, des règlements particuliers fixant la distance des arbres de haute et de basse tige de l'héritage voisin ? Et, si ce règlement existait, en quoi consistait-il ?

13me A défaut de ces règlements particuliers, quels étaient et quels sont les usages constants reconnus en cette matière ?

ARRONDISSEMENT DE GRASSE

On suivait alors le *Statut* de Provence, dont les prescriptions différaient peu des dispositions du Code Napoléon. Ainsi, les arbres de haute tige ne pouvaient être plantés qu'à deux mètres de distance de l'héritage voisin, et les autres arbres qu'à 0m50 à 1 mètre de distance.

ARRONDISSEMENTS DE NICE ET DE PUGET-THÉNIERS

Les règles posées par l'article 603 du Code civil sarde étaient suivies dans les cantons de Breil, l'Escarène, Contes, Levens, Villefranche, Saint-Étienne, Guillaumes, Roquestéron, Saint-Sauveur et Villars.

Cantons de Nice, est et ouest. — Le règlement des *Bandi campestri* fixait ainsi qu'il suit les distances à observer : 1° 2m. 20 c. pour les oliviers, figuiers, mûriers, amandiers, noyers, caroubiers, sorbiers, poiriers, cerisiers, etc.; — 2° 1 m. 30 c. pour les autres arbres de basse tige. — Les ceps de vignes devaient être plantés à la distance de 0 m.78 c., et la plantation des roseaux ne pouvait être faite qu'au-delà d'un fossé placé à la distance de 0 m. 53 c. du terrain voisin. — On pouvait planter les orangers, les citronniers et les espèces du genre à quelque distance que ce fût du terrain d'autrui, pourvu qu'il y eût un mur de clôture entre eux et ce terrain.

Canton de Saint-Martin-Lantosque. — A défaut de règlements, l'usage veut que les arbres de haute futaie soient plantés à 3 mètres et les autres à 1 mètre 50.

Canton de Menton. — Dans les communes de Menton et de Roquebrune, la distance était déterminée par l'article 530 du Code civil de la principauté de Monaco, et, dans les autres communes du canton, par l'article 603 du Code civil sarde. — D'après l'article 530 du Code de Monaco, dans les terrains en plaine, les oliviers, les caroubiers et autres arbres forestiers doivent être plantés à 2 mètres 50 de l'héritage voisin; les figuiers et roseaux, à 3 mètres 50; les citronniers, orangers et autres arbres fruitiers, à 2 mètres. — Dans les terrains en planche, avec mur de soutènement, les distances ci-dessus sont réduites à moitié.

Canton de Sospel. — Pas de règlements. Avant, comme depuis la promulgation du Code civil sarde, pas d'usage constant non plus. Cependant, les oliviers peuvent être plantés à quelque distance que ce soit de l'héritage voisin.

Canton d'Utelle. — D'après l'usage, les arbres de haute tige doivent être plantés à 3 mètres; ceux de basse tige, à 1 mètre 50, et les vignes et les haies vives, à 50 cent.

Canton de Puget-Théniers. — L'article 603 du Code civil sarde recevait son application dans le canton, à l'exception des communes de Rigaud et d'Auvarre. — A Rigaud, le chap. 29 des Statuts du 21 septembre 1749 fixait ainsi les distances : 12 pans pour les chênes, noyers, cerisiers et châtaigniers; 8 pans pour les mûriers, oliviers, figuiers et autres arbres fruitiers ; 1 pan pour les arbrisseaux. — A Auvare, c'était le chap. 9 des Statuts du 19 mars 1775 qui établissait la règle. Les distances étaient celles-ci : 16 pans pour les noyers, chênes et autres arbres sauvages ; 10 pans pour les figuiers, cerisiers et oliviers ; 4 pans pour les vignes.

14me QUESTION

(Art. 671 du Code Nap. — Art. 603 du Code civil sarde)

Quels sont, suivant l'usage, les arbres considérés comme de haute et de basse tige ?

ARRONDISSEMENT DE GRASSE

En général, tous les arbres qui peuvent acquérir quelque développement dans leur tronc ou dont les branches peuvent s'étendre et donner un certain ombrage doivent être considérés comme étant de haute tige; ainsi, l'oranger et l'olivier sont considérés comme arbres de haute tige.

Les vignes, arbustes et arbisseaux sont des arbres de basse tige.

ARRONDISSEMENTS DE NICE ET DE PUGET-THÉNIERS

Cantons de Nice. — Sont considérés comme arbres de haute tige, ceux qui doivent être placés à la distance de 9 pans; les autres sont tous de basse tige.

Canton de Saint-Martin-Lantosque. — Les sapins, pins, mélèzes, châtaigniers, peupliers et noyers sont considérés comme arbres de haute tige; les cerisiers, pruniers, etc., comme arbres de basse tige.

Canton d'Utelle. — Les oliviers, noyers, châtaigniers, mélèzes, chênes, pins, cyprès, peupliers et platanes sont de haute tige; les autres arbres, et généralement tous les fruitiers, sont de basse tige.

Canton de Saint-Etienne. — Sont réputés arbres de haute tige les noyers, poiriers, pommiers, cerisiers, sorbiers, peupliers, châtaigniers, chênes, frênes, pins, sapins, mélèzes, ormes, mûriers et saules; les autres arbres sont considérés comme étant de basse tige.

Canton de Roquestéron. — Là où le droit écrit ne distingue pas, les arbres au-dessus de 4 mètres sont considérés comme de haute tige, et les autres de basse tige.

Canton de Saint-Sauveur. — Les arbres de haute tige sont les châtaigniers, noyers, pommiers, poiriers, peupliers, pins, sapins, mélèzes, saules, mûriers, sorbiers et frênes; les autres arbres sont considérés comme étant de basse tige.

Dans les cantons de Breil, Contes, l'Escarène, Levens, Menton, Sospel, Villefranche, Guillaumes et Villars, c'est l'article 603 du Code civil sarde qui sert à établir si les arbres doivent être considérés comme de haute ou de basse tige. Il en est de même dans le canton de Puget-Théniers, sauf, toutefois, dans les communes de Rigaud et d'Auvare.

Les règles posées par l'article 603 du Code civil sarde sont suivies dans les cantons de Breil, l'Escarène, Contes, Levens, Villefranche, Saint-Etienne, Guillaumes, Roquestéron, Saint-Sauveur et Villars.

15me QUESTION

(Art. 672 du Code Nap. — Art. 606 du Code civil Sarde).

D'après l'usage, peut-on avoir des branches d'arbres sur la propriété du voisin, sans que celui-ci puisse s'en plaindre, et obtenir qu'on les coupe?

ARRONDISSEMENT DE GRASSE

Il y a simple tolérance pour les oliviers et autres arbres fruitiers. En cas de contestation, l'aticle 672 du Code Napoléon est toujours appliqué.

ARRONDISSEMENTS DE NICE ET DE PUGET-THÉNIERS.

Cantons de Nice. — En général, les branches des arbres ne peuvent s'étendre sur la propriété du voisin. Cependant, l'usage a fait une exception pour les branches de l'olivier, qui forme la principale culture du pays. Le voisin peut, toutefois, les faire couper, lorsqu'elles s'avancent sur sa maison.

Canton de Breil. — L'olivier jouit ici de la même tolérance.

Cantons de Contes, de l'Escarène et de Levens. — Les branches, aussi bien que les racines de l'olivier, peuvent s'avancer sur les propriétés voisines.

Canton de Saint-Martin-Lantosque. — On ne peut pas avoir des branches d'arbres sur la propriété du voisin.

Canton de Menton. — Dans les communes de Menton et de Roquebrune, il existe un usage, fondé sur l'article 530 du Code civil de la principauté de Monaco, d'après lequel le voisin est tenu de souffrir les branches d'arbres qui s'avancent sur sa propriété. — Dans les autres communes, conformément à l'art. 606 du Code sarde, on ne peut avoir des branches d'arbres sur la propriété du voisin, à moins que ces arbres ne soient des oliviers.

Canton de Sospel. — Les dispositions de l'art. 606 du Code sarde sont en vigueur. L'application en est, toutefois, rarement réclamée.

Canton d'Utelle. — On souffre que les branches des oliviers et des arbres fruitiers avancent sur la propriété d'autrui.

Canton de Villefranche. — Réponse négative, excepté en ce qui concerne l'olivier.

Canton de Puget-Théniers. — Avant le Code, les propriétaires des arbres qui couvraient en partie l'héritage voisin étaient tenus de les émonder à la hauteur de 15 pans pour les noyers et de 8 pans pour les autres arbres. Il n'y avait d'exception que pour les arbres formant séparation entre deux propriétés. Encore ne pouvait-on les remplacer, s'ils venaient à mourir.

Canton de Saint-Etienne. — Si les arbres qui avancent sur la propriété du voisin sont de basse tige, le voisin doit les souffrir. Il peut les faire couper, s'ils sont de haute tige.

Canton de Guillaumes. — Il n'y a pas d'usage en dehors des règles tracées par le Code.

Canton de Roquestéron. — Ce n'est que par tolérance qu'on peut avoir des branches d'arbres sur la propriété du voisin; mais cette tolérance est généralement suivie à l'égard des oliviers et des arbres fruitiers.

Canton de Saint-Sauveur. — Les arbres de basse tige peuvent avancer sur la propriété du voisin.

Canton de Villars. — Pas d'usage en dehors des prescriptions de la loi.

16e QUESTION

Existe-t-il, dans ces usages, une exception en faveur du bois blanc ou bois de rivière, le long des fossés ou cours d'eau, et, si elle existe, en quoi consiste-elle ?

ARRONDISSEMENT DE GRASSE

Il n'existe pas d'exception.

ARRONDISSEMENTS DE NICE ET DE PUGET-THÉNIERS

Il n'existe d'exception nulle part; mais, dans plusieurs cantons, les commissions ont noté une grande tolérance de la part des propriétaires.

17e QUESTION

Existe-t-il une exception pour la plantation ou le semis de bois taillis, lorsque la propriété contiguë n'est elle-même qu'un bois ?

ARRONDISSEMENT DE GRASSE

Il n'existe pas d'exception pour la plantation ou le semis de bois taillis.

ARRONDISSEMENTS DE NICE ET DE PUGET-THÉNIERS

On ne trouve d'exception dans aucun canton.

18e QUESTION

Quid des bois, si la propriété contiguë n'est point complantée également en bois?

ARRONDISSEMENT DE GRASSE

Pas d'exception.

ARRONDISSEMENTS DE NICE ET DE PUGET-THÉNIERS

Comme pour la question précédente, on ne trouve d'exception dans aucun canton.

19e QUESTION

Existe-t-il, notamment dans les villes, une exception en faveur des arbres plantés le long d'un mur mitoyen bâti entre [cour et jardin?

ARRONDISSEMENT DE GRASSE

Il n'existe pas d'exception, quant aux branches des arbres; mais on les tolère sans fixation de distance.

ARRONDISSEMENTS DE NICE ET DE PUGET-THÉNIERS

Pas d'exception.

20e QUESTION

Existe-t-il, notamment dans les villes, une exception en faveur des arbres plantés le long d'un mur non mitoyen, ayant d'un côté un jardin et une cour et de l'autre une propriété bâtie?

ARRONDISSEMENT DE GRASSE

Pas d'exception, mais on tolère sans fixation de distance.

ARRONDISSEMENTS DE NICE ET PUGET-THÉNIERS

Pas d'exception.

21e QUESTION

Existe-t-il, notamment dans les villes, une exception en faveur des arbres plantés le long d'un mur non mitoyen, appartenant au propriétaire des arbres ?

ARRONDISSEMENT DE GRASSE

L'usage donne généralement ce droit. Pas de fixation de distance.

ARRONDISSEMENTS DE NICE ET DE PUGET-THÉNIERS

Pas d'exception.

22e QUESTION

Existe-t-il, notamment dans les villes, une exception en faveur des arbres plantés le long d'un mur mitoyen appartenant au voisin?

ARRONDISSEMENT DE GRASSE

On tolère tant qu'il n'y a point de préjudice.

ARRONDISSEMENTS DE NICE ET DE PUGET-THÉNIERS

Pas d'exception.

23e QUESTION

Quel est l'usage relativement à la distance à observer de la propriété voisine, en matière de plantation d'arbres, quand les deux héritages sont séparés par la voie publique ?

ARRONDISSEMENT DE GRASSE

Dans les cantons d'Antibes, du Bar, de Cannes et de Vence, il doit y avoir, d'après l'usage, la distance de

ux mètres, en y comprenant la largeur de la voie pu-
ique.

Dans le canton de Saint-Vallier, on ne peut planter
l'à la distance d'un mètre de la voie publique. Dans
lui de Coursegoules, on n'observe aucune distance, et
laque propriétaire peut planter sur l'extrême limite de
n héritage.

Dans le canton de Grasse, l'emplacement de la voie
iblique compte dans la distance; toutefois, il est de
·gle de planter dans l'intérieur des terres, assez loin du
ird de la voie publique, pour n'être pas contraint à cou-
·r les branches qui s'étendraient sur ladite voie.

ARRONDISSEMENTS DE NICE ET DE PUGET-THÉNIERS.

Dans les cantons de Nice, l'Escarène, Levens, Saint-
artin-Lantosque, Menton, Sospel, Puget-Théniers,
aint-Etienne, Guillaumes, Roquestéron et Saint-Sau-
eur, il n'existe aucun usage constant pour la distance
observer.

Voici quel est l'usage pour les autres cantons :

Canton de Breil. — La plantation se fait de chaque
ôté, au bord de la voie publique, quelle que soit la
rgeur de celle-ci.

Cantons de Contes et de Villars. — Même réponse.

Canton d'Utelle. — Les distances établies par l'usage
ont celles indiquées à la 12e question.

Canton de Villefranche. — Les arbres de basse tige
euvent être plantés sur les confins de la voie publique,
insi que les haies. Pour les autres arbres, on observe
es distances fixées par le Code civil sarde.

24e QUESTION

Quelle est la distance, lorsque le chemin est privé et commun a
deux propriétaires?

ARRONDISSEMENT DE GRASSE

La distance est de deux mètres à partir de l'axe d
chemin.

ARRONDISSEMENTS DE NICE ET DE PUGET-THÉNIERS

L'usage ne détermine pas cette distance dans la pl
part des cantons.

Dans quelques-uns, la moitié de la largeur du chem
sert à fixer la distance à laquelle la plantation doit êt
faite de ce même chemin. — Exemple: si le chemin
deux mètres de largeur, les arbres doivent être plant
à un mètre de sa limite, en dedans de la propriété.

FRUITS TOMBÉS SUR L'HÉRITAGE VOISIN

25e QUESTION

Existe-t-il un usage relatif au cas où les fruits d'un arbre seraient tomb
sur le fonds voisin, soit que les branches de cet arbre s'étendent s
ce fonds, soit que les fruits y aient été portés par accident ?

26e QUESTION

Le propiétaire de l'arbre a-t-il le droit de passer sur le fond voisin pc
ramasser ces fruits ? — Est-ce avec ou sans indemnité ?

ARRONDISSEMENT DE GRASSE

Dans les cantons de Cannes et d'Antibes, le propri

taire de l'arbre recueille les fruits dans le cas donné, mais par pure tolérance.

Dans les six autres cantons, au contraire, l'usage est que le propriétaire de l'arbre a le droit d'aller prendre les fruits tombés sur le fond du voisin, en prévenant ce dernier et même sans le prévenir.

Toutefois, s'il cause quelque dommage, il doit une indemnité,

C'était la coutume de Provence.

Le propriétaire ne passe que par tolérance sur le fond voisin dans les cantons d'Antibes et de Cannes.

Il est censé exercer un droit ailleurs.

ARRONDISSEMENTS DE NICE ET DE PUGET-THÉNIERS.

Cantons de Nice et de Breil. —Il n'y a d'usage que pour les olives : le propriétaire peut les ramasser sur le fond voisin, et ce, sans indemnité, pourvu qu'il n'occasionne pas de dommage.

Canton de Contes. — Les fruits de toute nature peuvent être recueillis sur l'héritage voisin sans indemnité, mais moyennant l'avis donné au voisin un jour d'avance.

Canton de l'Escarène. — Le propriétaire de l'arbre peut en ramasser les fruits sur le fonds voisin, mais avec indemnité, surtout quand il y a dommage apparent ou abus.

Canton de Levens. — L'usage existe pour les olives. Une indemnité est due au propriétaire du fonds voisin.

Canton de Saint-Martin-Lantosque. — On ne peut s'introduire sur l'héritage voisin que pour ramasser les noix et les châtaignes qui y sont tombées. Il n'est pas dû d'imdemnité.

Canton de Menton. — On a la faculté de ramasser tous les fruits en général ; mais si le propriétaire du fonds voisin l'exige, on doit le prévenir d'avance.

Canton de Sospel. — L'usage accorde au propriétaire de l'arbre le droit de recueillir les fruits tombés sur l'héritage voisin. Si les deux propriétés contigües sont plantées d'arbres de la même espèce, celui sur le fonds duquel on s'introduit doit être prévenu d'avance, à l'effet de pouvoir reconnaître et retenir ses propres fruits. — Il n'est pas dû d'indemnité, si d'ailleurs il n'y pas eu d'abus de commis.

Cantons d'Utelle, Puget-Théniers, Guillaumes, Roquestéron et Villars. — Celui auquel appartient l'arbre peut aller en chercher les fruits tombés sur l'héritage voisin, et ce, sans indemnité, s'il ne commet pas de dommages.

Canton de Villefranche. — L'usage, dans les communes d'Eze et de la Turbie, et l'article 22 du règlement rural du 18 août 1837, dans la commune de Villefranche, permettent au propriétaire de l'olivier de passer sans indemnité sur le fonds voisin, pour y ramasser les fruits dans les deux cas posés par la question. Le propriétaire de l'arbre doit seulement prévenir le voisin.

Canton de Saint-Sauveur. — Le jour où il fait la récolte des fruits, le propriétaire de l'arbre peut aller les chercher sur le fonds voisin, sauf indemnité, s'il y a dommage ; mais la récolte une fois faite, les fruits qui sont restés sur la propriété du voisin lui appartiennent. — Les feuilles des arbres sont, dans tous les cas, au propriétaire du fonds sur lequel le vent les porte.

TOUR D'ÉCHELLE

27e QUESTION

La servitude du tour d'échelle est-elle reconnue généralement? — Est-il d'usage qu'on laisse, le long d'un mur non mitoyen, un espace connu sous le nom de pâture, ou répare, ou cintre, ou échelage, ou tour d'échelle?

ARRONDISSEMENT DE GRASSE

Cette servitude n'est pas reconnue dans l'arrondissement; toutefois, il est d'usage de passer, en cas de nécessité, sur le fonds voisin, pour réparer les murs en souffrance, sauf indemnité en cas de dommage.

On ne laisse point d'espace le long d'un mur non mitoyen.

ARRONDISSEMENTS DE NICE ET DE PUGET-THÉNIERS

Canton de Levens. — On laisse généralement un espace proportionné à la hauteur du mur.

Canton de Menton. — Réponse affirmative pour la première partie de la question. Le voisin doit être indemnisé, s'il y a des dégâts.

Canton de Puget-Théniers. — Sans constituer une servitude proprement dite, le tour d'échelle a toujours été toléré. D'ailleurs, on ne laisse pas d'espace le long d'un mur non mitoyen. On bâtit jusqu'à la limite de ce mur.

Canton de Villars. — La servitude du tour d'échelle est généralement reconnue.

Il n'existe pas d'usage constant dans les autres cantons.

CLOTURES FORCÉES

——

28ᵉ QUESTION

(Article 663 du Code Napoléon)

Quelles sont les agglomérations d'habitants qualifiées villes par l'usage, et où peuvent être appliquées les dispositions de l'article 663 du Code Napoléon, relatives à la clôture forcée ?

ARRONDISSEMENT DE GRASSE

Les localités désignées comme villes sont les suivantes : Grasse, Antibes, Cannes, Vence, Saint-Paul, Coursegoules. Ces deux dernières en vertu d'anciennes chartes.

ARRONDISSEMENTS DE NICE ET DE PUGET-THÉNIERS

Doivent être considérées comme villes, les communes de Nice, Menton, Sospel, Villefranche, Guillaumes et Puget-Théniers, la dernière en sa qualité de chef-lieu d'arrondissement, et les autres en vertu de chartes qui leur concèdent ce titre.

29ᵉ QUESTION

Quel est, dans ces villes, l'usage constant, quant à la hauteur des murs de clôture faisant séparation entre maison, cour et jardin ?

ARRONDISSEMENT DE GRASSE

L'usage veut que ces murs aient une hauteur de 2 à 3 mètres à Cannes ; de 2 mètres 60 c., à Antibes ; de 2 mètres à 2 mètres 50 c. à Grasse ; de 2 mètres, à Vence.

ARRONDISSEMENTS DE NICE ET DE PUGET-THÉNIERS

A Nice, cette hauteur est de 10 pans, correspondant à

2 mètres 60 c. Ailleurs, la hauteur n'est pas fixée par l'usage, ni par les règlements locaux.

Celle de 26 décimètres, déterminée par la disposition finale de l'art. 663 du Code Napoléon, doit donc être adoptée.

30e QUESTION

De quels matériaux et de quelle manière doivent être construits ces murs de séparation?

ARRONDISSEMENT DE GRASSE

Ces murs doivent être construits en maçonnerie de mortier, à chaux et à sable.

ARRONDISSEMENTS DE NICE ET DE PUGET-THÉNIERS

A Nice, les murs sont construits en maçonnerie, le chaperon étant placé du côté du propriétaire qui fait bâtir, et s'inclinant de chaque côté, si le mur est mitoyen. L'épaisseur doit être de 0 mètre 40 c. à la base ou à fleur de terre, et de 0,25 c. au couronnement. Lorsqu'un mur sépare deux fonds dont l'un est supérieur à l'autre, le propriétaire du fonds supérieur supporte seul tous les frais de construction et de réparation du mur, jusqu'à la hauteur du sol qui lui appartient; mais, à partir de ce même sol, la portion de mur, qui sera élevée jusqu'à 2 mètres 60 c., doit être construite et maintenue à frais communs.

Les murs doivent être construits en maçonnerie, c'est-à-dire avec moellons et chaux, dans les agglomérations du canton de Saint-Martin-Lantosque. Il en est de même à Sospel. — Les matériaux et le mode de construction

sont indéterminés dans les communes du canton d
Menton, à Utelle et à Puget-Théniers.

31ᵉ QUESTION

Quels sont les usages réglant la distance à laisser ou les précautions
prendre, pour les constructions mentionnées dans l'art. 674 du Code Na
poléon?

ARRONDISSEMENT DE GRASSE

Dans les cantons du Bar, d'Antibes, de Grasse et d
Vence, il est d'usage :

1° Que, pour les puits à fosses d'aisance contre un mu
mitoyen, il soit construit un contre-mur de 0 mètre 33 c
d'épaisseur; que le mur établi entre deux puits ou fosse
d'aisances ait l'épaisseur d'un mètre ;

2° Que, pour les cheminées ou âtres contre un mu
mitoyen, il soit construit un contre-mur en briques po
sées sur leur plat ;

3° Pour les forges, fours et fourneaux adossés à un mu
mitoyen, qu'il soit laissé entre le mur mitoyen un vid
ou intervalle dans toute leur longueur et hauteur, de (
mètre 17 c. à 0 mètre 20 c.;

4° Pour les fours à cuire les briques, tuiles, etc., qu
l'intervalle soit de 0 mètre 33 c. ;

5° Pour les étables, qu'il soit construit contre le mu
mitoyen un contre-mur de 0 mètre 20 c. d'épaisseur
jusqu'à la hauteur de la mangeoire ;

6° Pour les magasins de sel et les autres matières corro
sives, qu'il soit établi un contre-mur de 0 mètre 33 c
d'épaisseur, sur la même hauteur et longueur que le mu
mitoyen, et qu'il soit placé devant une cloison en boi
isolant ces matières.

Malgré ces ouvrages, s'il y a préjudice, la réparation est due.

Point d'usage constant et reconnu dans les autres cantons.

ARRONDISSEMENTS DE NICE ET DE PUGET-THÉNIERS

Canton de Menton. — A Menton et à Roquebrune, il existe un usage fondé sur l'article 531 du Code civil de la principauté de Monaco, usage d'après lequel la distance d'un mètre doit être laissée entre le mur du voisin et le nouvel ouvrage. A défaut de cette distance, celui qui bâtit doit faire un contre-mur d'un demi-mètre d'épaisseur, pour éviter de nuire au voisin.

Quant aux fours, ils ne peuvent être établis, en dehors des précautions indiquées, qu'aux lieux désignés par l'autorité municipale.

Dans les autres communes du canton, on se conforme aux articles 597 et 598 du Code civil sarde.

Ces deux articles du Code sarde ont remplacé, depuis bientôt trente ans, les anciens usages antérieurement en vigueur dans les deux arrondissements de Nice et de Puget-Théniers.

Voici le texte desdits articles :

« Art. 597. — Celui qui voudra faire creuser un puits, une citerne, un cloaque, une fosse d'aisances ou à fumier, près d'un mur appartenant à autrui, ou même près d'un mur mitoyen, devra, s'il n'y a pas de dispositions contraires dans les règlements locaux, laisser la distance d'un mètre soixante et onze centimètres entre les confins précis de la propriété voisine et le point du périmètre interne du puits, de la citerne, du cloaque ou de la fosse le plus rapproché de ces confins.

« Les tuyaux de la latrine et d'évier, et même ceux destinés à recueillir les eaux qui s'écoulent des toîts, ou que l'on fait monter par le moyen de pompes ou de toute autre machine, doivent être établis à la distance de quatre-vingt-sept centimètres au moins des confins précis de la propriété du voisin.

« Cette distance sera observée par rapport aux subdivisions de ces tuyaux, et elle sera toujours fixée entre la limite précise de la propriété voisine et le point le plus rapproché du périmètre externe des tuyaux.

« Si le voisin éprouve quelque dommage, lors même qu'on aurait laissé les distances prescrites, ces distances seront augmentées, et l'on exécutera les travaux qui seront jugés nécessaires pour réparer et garantir la propriété du voisin, le tout à dire d'experts.

« Art. 598. — Celui qui veut construire des cheminées, fours, forges, étables, magasins de sel ou d'autres matières corrosives, contre un mur mitoyen, ou contre un mur de séparation qui même lui appartiendrait, sera tenu, pour ne pas nuire au voisin, d'exécuter les ouvrages et d'observer les distances qui, selon les cas, seront prescrits par les règlements en vigueur, et qui, à défaut de règlements, seront déterminés pas avis d'experts. Les mêmes obligations sont imposées à celui qui veut établir auprès de la propriété d'autrui les fabriques mises en action par la vapeur, ou toute autre usine qui pourrait faire craindre un incendie, une explosion dangereuse, ou donner lieu à des exhalaisons nuisibles. »

32ᵉ QUESTION

(Art. 666 du Code Napoléon)

Existe-t-il quelque usage relatif à la distance à laisser entre la propriété voisine et le fossé que l'on veut établir sur son propre fonds ?

ARRONDISSEMENT DE GRASSE

L'usage veut que la distance à laisser soit égale à la profondeur du fossé, à moins qu'il ne soit creusé dans le roc.

ARRONDISSEMENTS DE NICE ET DE PUGET-THÉNIERS

Les articles 600 et 601 du Code civil sarde règlent la distance dans les arrondissements de Nice et de Puget-Théniers.

Ces articles sont ainsi conçus :

« Art. 600. — Cette distance se mesure depuis le bord supérieur des fossés ou canaux le plus rapproché du fonds voisin. Le bord intérieur du côté du même fonds aura un talus dont la base sera égale à la hauteur ; à défaut, ce bord sera protégé par des ouvrages de soutènement.

« Lorsque la limite de la propriété du voisin se trouve dans un fossé mitoyen ou dans un chemin privé également mitoyen, ou soumis à une servitude de passage, la distance prescrite devra se mesurer du bord supérieur ci-dessus indiqué à celui des bords, soit du fossé mitoyen, soit du chemin qui sera le plus rapproché du fonds appartenant à celui qui veut creuser le fossé ou le canal ; on observera, en outre, ce qui a été dit ci-dessus relativement au talus du fossé ou canal.

« Art. 601. — Si l'on veut creuser un fossé ou canal

près d'un mur mitoyen, il ne sera point nécessaire d'observer la distance ci-devant prescrite ; mais on devra faire tous les ouvrages intermédiaires propres à garantir le mur mitoyen de tout dommage. »

33ᵉ QUESTION

(Art. 653 et suivants du Code Napoléon).

Quelles sont les marques de mitoyenneté ou de non mitoyenneté d'un mur séparatif de propriété ?

ARRONDISSEMENT DE GRASSE

On suit toujours, à cet égard, les dispositions du Code Napoléon (art 653 et suivants).

ARRONDISSEMENTS DE NICE ET DE PUGET-THÉNIERS

L'usage ne reconnaît d'autres marques de mitoyenneté que celles indiquées à l'art. 653 du Code Napoléon, dans les cantons de Nice, Breil, Contes, l'Escarène, Levens, Saint-Martin-Lantosque, Sospel, Menton, Utelle, Villefranche, Saint-Étienne, Guillaumes, Roquestéron et Villars.

Canton de Puget-Théniers. — On ne connaît pas d'autres signes de mitoyenneté que la pente des deux côtés du mur à son sommet ; la pente d'un seul côté indique la non mitoyenneté.

Canton de Saint-Sauveur. — Dans l'usage, on considère un mur comme mitoyen lorsque, à ses angles, il est lié au mur du voisin par des pierres incorporées à ce dernier mur. L'existence de fenêtres ou niches, pratiquées des deux côtés jusqu'à moitié de l'épaisseur du mur environ, est un autre signe de mitoyenneté. — Il y a

rque de non mitoyenneté lorsque les fenêtres ou
ches n'existent que d'un côté, et lorsque le mur n'est
s lié par ses angles au mur contigu.

34ᵉ QUESTION

propriétaire d'une cour ou jardin clos joignant un édifice voisin
st-il, d'après l'usage, censé avoir la mitoyenneté du mur de cet
difice jusqu'à hauteur de clôture? — Le propriétaire du fonds su-
érieur est-il censé, d'après les usages, être propriétaire du talus
ui forme la séparation de sa propriété avec celle du voisin ?

ARRONDISSEMENT DE GRASSE

On s'en réfère à loi pour régler tout ce qui se rapporte
a première question. Quant à la propriété du talus,
e est censée appartenir au propriétaire du fonds
périeur.

ARRONDISSEMENTS DE NICE ET DE PUGET-THÉNIERS

Dans le canton d'Utelle, la mitoyenneté du mur de
lifice jusqu'à hauteur de clôture est reconnue, s'il
xiste aucune marque du contraire.

Dans tous les autres cantons, ou la mitoyenneté n'est
présumée, ou bien l'usage n'a pas établi de règle à
égard.

Partout, au surplus, le propriétaire du fonds supérieur
considéré comme propriétaire du talus qui sépare
propriété de celle du voisin.

35ᵉ QUESTION

Quel est l'usage en ce qui touche le glanage, le râtelage,
le grapillage et autres analogues?

ARRONDISSEMENT DE GRASSE

Le glanage est autorisé par l'usage dans le canton de
rsegoules.

Il est interdit dans le canton de Vence et toléré partout ailleurs.

ARRONDISSEMENTS DE NICE ET DE PUGET-THÉNIERS

Il n'y a d'usage constant nulle part, sinon pour les châtaignes, dont le glanage, après la récolte, est généralement toléré, plutôt qu'autorisé.

STILLICIDE

—

36ᵉ QUESTION

(Art. 681 du Code Nap. — Art. 615 du Code civil sarde.)

Quel est, d'après l'usage, la distance que doit le propriétaire d'un toit entre le fonds voisin et le point où s'opère la chute des eaux de ce toit?

ARRONDISSEMENT DE GRASSE

Il n'existe point d'usage à cet égard, dans l'arrondisment de Grasse.

ARRONDISSEMENTS DE NICE ET DE PUGET-THÉNIERS

Cette distance est de deux pans dans les cantons de Contes, Utelle et Saint-Etienne.

Dans les autres cantons, la distance n'est fixée ni par l'usage, ni par aucun règlement.

TROISIÈME PARTIE

VENTE D'ANIMAUX

37e QUESTION

Quels sont les usages relatifs à la vente des animaux dans les foires et les marchés?

ARRONDISSEMENT DE GRASSE

Il n'y a point d'usage constant et reconnu à cet égard.

ARRONDISSEMENTS DE NICE ET DE PUGET-THÉNIERS

Il n'existe d'autres usages que ceux indiqués à la question suivante.

38e QUESTION

A quel moment le marché est-il parfait, selon les diverses espèces d'animaux vendus?

ARRONDISSEMENT DE GRASSE

Dans les cantons du Bar et de Vence, le marché est parfait au moment de la livraison, pour toute espèce d'animaux. Dans les cantons de Cannes et de Coursegoules, au moment du simple accord des parties. Il en est de même à Grasse, à l'exception du marché relatif aux

5

bœufs et bestiaux, qui n'est parfait que lorsque le vendeur et l'acheteur ont frappé dans la main l'un de l'autre.

Ce frappement de mains est, à Saint-Vallier, la marque générale de la conclusion du marché, de même que la remise d'arrhes. Pour les bœufs, etc., on les marque aussi; — et pour les chevaux, etc., on enlève le bouquet de la queue.

A Saint-Auban, la remise des arrhes, en général, ou la marque des animaux, indique que le marché est conclu.

ARRONDISSEMENTS DE NICE ET DE PUGET-THÉNIERS

Canton de Sospel. — Le contrat est parfait par la seule manifestation du consentement des parties, manifestation qui est ordinairement un serrement de main. Les animaux vendus sont livrés sur-le-champ.

Canton de Puget-Théniers. — Souvent le marché est conclu, comme dans le canton de Sospel, par une poignée de main. Des arrhes sont, en outre, données.

Cantons de Saint-Etienne et de Saint-Sauveur. — Le marché est réputé parfait après la livraison, ou lorsqu'un à-compte a été donné, ou encore lorsque l'acheteur a fait une marque sur les animaux, au moyen de ciseaux, ou avec de la craie ou de la chaux.

Il n'y a pas d'usage constant dans les autres cantons.

39e QUESTION

Quels sont les usages concernant les animaux qui s'introduisent dans le fonds d'autrui?

ARRONDISSEMENT DE GRASSE

On se conforme à la loi :

ARRONDISSEMENTS DE NICE ET DE PUGET-THÉNIERS

Les usages qui existaient à cet égard dans les différents cantons sont tombés en désuétude. On se conforme actuellement partout à la loi.

QUATRIÈME PARTIE

LOUAGE

40ᵉ QUESTION

Quel est le délai à observer pour la signification des congés dans les baux sans écrit.

ARRONDISSEMENT DE GRASSE

On peut dire qu'en général le terme est de six mois, s'il s'agit d'un bail d'un an, c'est-à-dire qu'il faut donner congé avant le septième mois. Cependant il est admis qu'on remplit cette condition en donnant le congé avant les fêtes de Pâques, et même, pour Coursegoules, à la Saint-Jean. (Le bail commence à la Saint-Michel.)

A Vence, ces congés doivent se donner avant le 15 mai.

S'il s'agit d'un bail au mois, le délai est de quinze jours, à l'exception du Bar, où il est de huit jours.

Pour les baux des fours à cuire le pain, le congé doit être donné, dans le canton de Grasse, neuf mois avant le terme.

ARRONDISSEMENTS DE NICE ET DE PUGET-THÉNIERS

Cantons de Nice. — On donne congé à la Saint-Jean (24 juin) inclus, pour la Saint-Michel (29 septembre). Cependant, pour les locations verbales qui ont commencé à Pâques (soit le 1er avril), on donne congé à la Saint-Jean de Noël (27 décembre inclusivement). Dans les baux sans écrit qui ont commencé à d'autres époques de l'année, le congé doit être donné trois mois à l'avance; mais si la location continue pour une autre année par tacite reconduction, le commencement de celle-ci se reporte à la Saint-Michel pour les années suivantes; et, dans ce cas, le congé doit être donné, selon l'usage général, à la Saint-Jean. Pour les locations verbales faites au mois, d'un appartement meublé ou non meublé, les congés doivent être donnés quinze jours à l'avance.

Canton de Breil. — Le congé doit être donné à la mi-août, pour la Saint-Michel.

Canton de Contes. — La location commence, pour les maisons, au 30 septembre, et pour les terres, au 18 octobre. Les congés doivent être signifiés : pour les maisons, avant le 24 juin de la même année, et pour les terres, avant le 24 décembre de l'année précédente.

Canton de l'Escarène. — Le délai est de trois mois avant l'expiration du bail.

Canton de Levens. — Même réponse.

Canton de Saint-Martin-Lantosque. — Délai de six mois.

Canton de Menton. — A Menton et à Roquebrune, d'après les dispositions de l'art. 1542 du Code de la principauté de Monaco, les congés doivent être donnés trois mois avant le 1er octobre, pour les maisons, et six mois avant la même époque, pour les biens ruraux. Dans les autres communes du canton, le délai est de trois mois avant la cessation du bail pour les maisons. Quant aux propriétés rurales, il n'y a aucun usage, parce qu'on ne les loue pas.

Canton de Sospel. — Point d'usage constant en ce qui concerne les terres, qui donnent lieu à peu de baux. La location des maisons est ordinairement faite pour une année, à partir de la Saint-Michel, et le congé doit être donné dans le courant de mai.

Canton d'Utelle. — Délai de six mois pour les terres, et de trois mois pour les maisons.

Canton de Villefranche. — Si la location commence à compter du 1er octobre, ce qui est ordinaire, le congé doit être donné avant le 24 juin. Si elle commence à toute autre époque de l'année et qu'elle ne soit que pour un an, le congé doit être signifié trois mois à l'avance. Pour les locations d'appartements au mois, le délai est de quinze jours.

Canton de Puget-Théniers. — Le délai est de trois mois pour les maisons non meublées. Pour les biens ruraux, le congé est donné au mois d'août, le bail expirant d'habitude dans le courant de novembre. A Saint-Léger, le délai est de cinq mois; il est de six à la Penne. Dans cette dernière commune, le bail commence et finit en mars. A Ascros, il commence au 1er mars, pour finir au 29 septembre.

Canton de Roquestéron. — On donne congé à la Saint-Jean (24 juin), pour sortir à la Saint-Michel, quand il s'agit de maisons, et au mois de mars pour sortir en septembre, et *vice versa*, quand il s'agit de biens ruraux.

Il n'existe pas d'usage constant dans les cantons de Saint-Étienne, Guillaumes, Saint-Sauveur et Villars.

41ᵉ QUESTION

En matière de location, n'y a-t-il aucune différence entre celle d'une maison, d'une usine, d'une boutique ?

ARRONDISSEMENT DE GRASSE

Il n'existe aucune différence dans la location des maisons et des boutiques.

Quant aux usines, on ne les loue le plus généralement que par écrit ; mais il arrive ancore assez souvent qu'on les loue verbalement.

ARRONDISSEMENTS DE NICE ET DE PUGET-THÉNIERS

Il n'y a de différence dans aucun canton.

42ᵉ QUESTION

Est-il d'usage que la résolution du bail ait lieu sans congé, quant aux fonctionnaires publics, en cas de changement de résidence ou de cessation de fonctions ?

ARRONDISSEMENT DE GRASSE

La résolution du bail a lieu dans les cantons de Vence, Saint-Auban, Antibes et du Bar.

Elle n'a pas lieu dans les cantons de Grasse et de Cannes.

A Saint-Vallier et à Coursegoules, il n'y a pas d'usage, parce qu'il n'y a pas de logements meublés à louer.

ARRONDISSEMENTS DE NICE ET DE PUGET-THÉNIERS

Le changement de résidence ou la cessation de fonctions entraîne la résolution du bail dans les cantons de

Levens, Saint-Martin-Lantosque, Saint-Etienne et Roquestéron.

Il n'existe pas d'usage positif dans le canton de Sospel. Le plus souvent, cependant, il est établi, d'un commun accord entre les parties, que la cessation de fonctions ou le changement de résidence mettrait fin au
bail.

Il y a résolution du bail dans le canton de Villefranche. Mais si la location est à l'année, le trimestre commencé doit être payé, et le mois, si la location est au
mois.

Le mois commencé doit être payé dans le canton de
Guillaumes.

Dans le canton de Saint-Sauveur, la résolution du bail
a lieu. La Commission fait observer, au surplus, que les
appartements loués aux fonctionnaires publics le sont
ordinairement au mois.

L'usage n'a pas établi d'exception pour les fonctionnaires publics dans les autres cantons.

43ᵉ QUESTION

(Art. 1753 du Code Napoléon. — Art. 1760 du Code civil sarde.)

Quel est l'usage des lieux relatif au paiement, par anticipation, fait
par un sous-locataire au preneur ?

ARRONDISSEMENT DE GRASSE

Lorsque le sous-locataire paie aux époques indiquées,
il n'est pas réputé avoir payé par anticipation.

ARRONDISSEMENTS DE NICE ET DE PUGET-THÉNIERS

Cantons de Nice. — Les loyers des maisons à l'année
sont payés par semestres anticipés, sauf convention

expresse contraire. — Les locations aux étrangers, pour une saison, sont payables, moitié du prix en entrant et le reste à la moitié du terme convenu.

Canton d'Utelle. — L'usage est de payer six mois par anticipation.

Le paiement a lieu seulement aux termes échus dans les cantons de l'Escarène, Saint-Martin-Lantosque, Villefranche et Roquestéron.

Pas d'usage reconnu dans les cantons de Breil, Contes, Levens, Menton, Sospel, Puget-Théniers, Saint-Etienne, Guillaumes, Saint-Sauveur et Villars.

44e QUESTION

(Art. 1754 du Code Napoléon. — Art. 1761 du Code civil sarde).

Quelles sont les réparations locatives auxquelles sont tenus les locataires ?

ARRONDISSEMENT DE GRASSE

Il n'y a pas d'usage à cet égard. On se conforme aux dispositions de l'article 1754 du Code Napoléon.

ARRONDISSEMENTS DE NICE ET PUGET-THÉNIERS

Dans le canton de l'Escarène, les locataires ne sont tenus à aucune réparation.

Dans celui de Saint-Étienne, ils doivent seulement faire remettre les carreaux de vitres cassés.

Dans celui de Saint-Sauveur, les carreaux cassés doivent être également remplacés, et les réparations nécessaires faites aux portes et aux fenêtres.

Dans les autres cantons, il y a absence d'usage, ou bien le locataire se conforme aux prescriptions de l'art. 1754, ce à quoi il peut être obligé aussi à défaut d'usage.

45ᵉ QUESTION

Y a-t-il une différence pour les locations de maisons, usines et boutiques?

ARRONDISSEMENT DE GRASSE

Oui, pour les locations d'usines et de boutiques.

Pour les usines, on met généralement à la charge des preneurs l'entretien des machines et ustensiles, ainsi que leur remplacement pour cause de vétusté ou d'accident, hors le cas de force majeure.

ARRONDISSEMENTS DE NICE ET DE PUGET-THÉNIERS

Il n'y a nulle part aucune différence.

46ᵉ QUESTION

(Art 1758 du Code Napoléon. — Art. 1765 du Code civil sarde.)

Quel est, d'après l'usage des lieux, la durée présumée du bail d'un appartement meublé ?

ARRONDISSEMENT DE GRASSE

A Cannes, le bail d'un appartement meublé est présumé consenti du 1ᵉʳ octobre au 31 mai.

La durée présumée est d'un mois, dans les cantons d'Antibes, de Saint-Vallier et de Vence; d'un mois, trois mois ou six mois, au Bar, suivant les circonstances, c'est-à-dire que si la contestation s'élève le second mois, le locataire est censé avoir loué pour trois mois, etc.; — d'un an à Grasse, si l'on a réglé le prix à tant par an, et d'un mois si l'on a réglé à tant par mois.

A Nice, il n'y a d'usage que pour les locations de la saison d'hiver, qui finissent au 30 avril, sans tenir compte de la date à laquelle elles ont commencé.

La durée présumée est d'une année dans les cantons de Breil, Contes, l'Escarène et Roquestéron.

Elle est d'un mois dans les cantons de Villefranche et de Saint-Sauveur.

Les cantons où l'usage n'a pas fixé cette durée sont ceux de Levens, Saint-Martin-Lantosque, Menton, Sospel, Utelle, Puget-Théniers, Saint-Étienne, Guillaumes et Villars.

47e QUESTION

Quelle est, d'après l'usage des lieux, la durée présumée du bail d'un appartement non meublé ?

ARRONDISSEMENT DE GRASSE

Elle est partout d'un an.

ARRONDISSEMENTS DE NICE ET DE PUGET-THÉNIERS

Les cantons de Menton, Guillaumes et Villars sont les seuls où l'usage ne présume pas la durée.

Dans les autres, on présume qu'elle est d'une année. — La commission des deux cantons de Nice ajoute qu'il en est ainsi lors même que, d'après les conventions faites entre les parties, le paiement du loyer a lieu par trimestre ou par semestre, ce qui est plus général.

48ᵉ QUESTION

(Art. 1759 du Code Napoléon. — Art. 1767 du Code civil sarde.)

Quel est l'usage des lieux en matière de tacite reconduction ?

ARRONDISSEMENT DE GRASSE

Le bail continue pour un an ou pour un mois, suivant que la location a été faite primitivement à l'année ou au mois.

Pour les usines à huile, la tacite reconduction n'a jamais lieu, parce que le prix de location diffère chaque année, suivant l'importance de la récolte des olives.

ARRONDISSEMENTS DE NICE ET DE PUGET-THÉNIERS

Cantons de Nice. — La tacite reconduction a lieu si le congé n'a pas été donné dans les délais fixés par l'usage, c'est-à-dire les 24 juin et 27 décembre pour les locations d'une année, et quinze jours avant l'expiration du mois pour les locations au mois. Dans celles faites aux étrangers, pour la saison, la tacite reconduction n'est pas admise.

Canton de Breil. — La tacite reconduction a lieu d'année en année pour les maisons meublées ou non, les boutiques, etc., si le congé n'a pas été donné en temps utile. Elle a lieu de deux ans en deux ans pour les moulins à huile.

Dans les autres cantons, l'art. 1759 du Code Napoléon fait règle, et le locataire qui continue sa jouissance par tacite reconduction ne peut plus être expulsé par le bailleur qu'à la fin du terme fixé dans la Réponse aux 46ᵉ et 47ᵉ Questions, et après un congé donné suivant les délais indiqués dans la Réponse aux 40ᵉ et 42ᵉ Questions.

CINQUIÈME PARTIE

MÉTAYERS

—

49e QUESTION

(Art. 1763 et 1764 du Code Nap. — Art. 1785, 1786 et 1787 du Code civil sarde.)

Quelles sont les conventions qui interviennent habituellement entre le propriétaire et le métayer, relativement :

1o Au partage des produits du domaine, aux prélèvements qui sont faits avant ce partage?

2o A la fourniture des cabaux et semences?

3o A la fourniture et à l'entretien des outils aratoires?

4o Aux fourrages et aux engrais?

ARRONDISSEMENT DE GRASSE

En général, le partage des divers produits s'opère par moitié entre le propriétaire et le métayer, à l'exception des olives, dont la récolte appartient à raison des trois cinquièmes ou des deux tiers au propriétaire et des deux cinquièmes ou un tiers au métayer, selon les localités.

On prélève les semences, qu'elles soient fournies en totalité par le propriétaire, comme c'est l'usage à peu près général, ou qu'elles soient fournies par lui et le métayer, comme dans quelques communes des cantons de Cannes, Vence, Le Bar. On prélève aussi certains fruits de table réservés au maître.

A. l'égard des champs labourables, les propriétaires ont habituellement un capital de charrues et de herses, qui est remis au métayer, sur estimation, pour être rendu à la fin du bail, en nature ou en valeur. Le surplus des ustensiles est fourni par le métayer.

Dans les propriétés de toute autre nature, le métayer fournit tous les outils et les entretient, dans les cantons de Cannes, d'Antibes, de Vence, du Bar et dans quelques communes de Coursegoules. Dans partie de ce dernier canton, dans ceux de Grasse, de Saint-Auban, de Saint-Vallier, c'est le propriétaire qui fournit les outils. Le métayer les entretient, sauf pour Grasse, où l'entretien est aussi à la charge du maître.

Les fourrages et engrais de la propriété se consomment dans l'exploitation. En cas d'excédant ou d'insuffisance, il y a vente ou achat à frais communs.

A Grasse, l'insuffisance étant le seul cas à prévoir et les colons étant assujétis à des services particuliers, le propriétaire tenant souvent les bêtes pour sa propre commodité, la dépense est exclusivement à sa charge.

Afin de bien établir la situation respective du maître et du métayer, il convient d'ajouter que le maître supporte les contributions, fournit les animaux et paie le métayer comme un ouvrier ordinaire, pour tout travail exécuté sur le domaine et qui n'est pas susceptible de rapporter un profit en nature au métayer. Ce dernier ne contribue que pour la part qu'il a dans la récolte à la dépense d'élagage des arbres.

ARRONDISSEMENTS DE NICE ET DE PUGET-THÉNIERS

Cantons de Nice. — Il y a partage des produits des domaines en parties égales entre le propriétaire et le métayer, à l'exception du fruit des oliviers, ou de l'huile, dont généralement les trois cinquièmes sont assignés au propriétaire, et deux cinquièmes au métayer.

La fourniture des semences se fait par moitié.

Les outils aratoires et tous ceux qui sont affectés au service de l'agriculture sont à la charge du métayer, à l'exception des paniers appelés vulgairement *gourbins*, des barils pour le transport du fumier liquide, des charrettes, quels qu'en soient la forme et le nombre, des harnais nécessaires aux bêtes de trait et de somme, des cordes ou chaînes et autres instruments qui servent pour conduire ou tenir attachés les bestiaux : ces différents objets sont tous fournis à frais communs et à égales portions par le propriétaire et le métayer.

Quand les fourrages du domaine ne sont pas suffisants, ils sont fournis en parties égales par le propriétaire et le métayer ; il en est de même des engrais. Cependant, si le propriétaire voulait faire exécuter des plantations ou des cultures nouvelles, auxquelles le métayer n'est pas tenu, les engrais nécessaires seraient à la charge du propriétaire.

Canton de Breil. — Le prélèvement se fait en nature au profit du maître pour les semences qu'il a fournies. Les produits des prés secs se partagent par portions égales. Le propriétaire paye une journée d'homme à titre de râtelage et la moitié des frais du transport des foins. Les châtaignes se partagent en trois portions, dont deux au propriétaire et une au métayer. Les produits des terres arrosables et labourables, ainsi que ceux des vignobles, sont partagés par portions égales. En sus de sa part des fruits, le propriétaire en prend une quantité égale à celle qui a été consommée par le métayer pendant la récolte. Sur le produit des oliviers, le métayer prend le tiers dans les bonnes années, et la moitié dans les mauvaises. Il contribue dans la même proportion à la mouture et au pressurage des olives. Il est tenu, dans tous les cas, d'opérer le transport des produits à la demeure du propriétaire.

Les semences des premières années sont fournies par le propriétaire, si le métayer manque de ressources.

La fourniture des outils aratoires et leur entretien sont à la charge du métayer.

Les fourrages doivent être consommés sur les lieux par les bestiaux attachés au domaine, et les engrais sont à la charge du métayer, qui doit les fournir au moins tous les deux ans.

Canton de Contes. — Les conventions relatives au partage des produits et aux prélèvements qui précèdent ce partage sont les mêmes que dans les deux cantons de Nice.

La fourniture des cabaux et semences est également faite par moitié.

Le métayer fournit seul les outils aratoires, et est seul chargé de leur entretien.

Si les fourrages sont insuffisants, ce qui manque est acheté à frais communs. Il en est de même des engrais. Ceux provenant de la métairie doivent toujours y être employés exclusivement.

Canton de l'Escarène. — Mêmes usages que dans les deux cantons de Nice, quant au partage des produits, aux prélèvements et à la fourniture des semences.

La fourniture et l'entretien des outils aratoires sont à la charge exclusive du métayer.

Les fourrages provenant de la métairie ne doivent

servir qu'aux bestiaux qui s'y trouvent. L'excédant appartient par égales portions au propriétaire et au métayer. S'il manque des engrais, on les achète à frais communs.

Canton de Levens. — Mêmes réponses que pour les deux cantons de Nice.

Canton de Menton. — A Menton et à Roquebrune, il n'y a pas de métayers. Dans les autres communes, le propriétaire a les trois cinquièmes de l'huile, du vin et des citrons; le métayer, les deux cinquièmes. Les céréales sont partagées par moitié. Les citrons et les oranges ne sont jamais partagés en nature; ils sont vendus d'accord entre le propriétaire et le métayer, qui en partagent le prix dans la proportion qui vient d'être indiquée.

La fourniture des cabaux et semences est faite par moitié entre le propriétaire et le métayer.

Ce dernier est exclusivement chargé de la fourniture des outils aratoires et de leur entretien.

Si les fourrages de la propriété ne sont pas suffisants, ce qui manque est acheté à portions égales par le propriétaire et le métayer. Celui-ci ne doit pas d'autre fumier que celui provenant des bestiaux de la métairie.

Canton de Saint-Martin-Lantosque. — Le partage des produits a lieu par moitié, sans aucun prélèvement.

Le métayer est tenu de fournir les cabaux. Les semences sont fournies par moitié.

Le métayer fournit et entretient les outils aratoires.

En sortant, il est tenu de laisser pareille quantité de fourrage qu'il a trouvée en entrant. Il ne doit pas d'autres engrais que ceux qui sont obtenus dans la propriété.

Canton de Sospel. — La récolte des céréales, et généralement de tout ce qui se sème, ou se plante et se recueille dans la période de l'année agricole, est partagée

6

par moitié. Quant aux fruits des arbres de toute natur
comme pommiers, figuiers, châtaigniers, amandiers, etc
la portion revenant au métayer est du tiers de la récolt
— Pour le vin et l'huile, cette portion est variable : el
est fréquemment du tiers, souvent des deux cinquièm
et parfois des deux septièmes. — Avant le partage, c
prélève les semences, et ensuite le maître a droit à u
vingtième sur la portion revenant au métayer, pour con
penser les contributions qui sont à sa charge.

Le métayer est tenu de fournir les cabaux. Les seme
ces sont fournies par moitié.

La fourniture et l'entretien des outils aratoires so
à la charge exclusive du métayer.

Les fourrages sont employés à l'alimentation des be
tiaux, et s'il n'y a pas de bestiaux ou qu'il y ait un exc
dant de fourrage, le partage a lieu par moitié entre
propriétaire et le métayer. Si, au contraire, les fourrag
sont insuffisants, le métayer doit fournir ce qui manqu
Généralement, au surplus, les prairies ne sont pas do
nées au métayer. L'engrais est fourni par le métayer, e
tant, toutefois, qu'il peut le faire sur la propriété. Si,
l'entrée en jouissance, on décide de fumer les olivier
la litière et le transport sont à la charge du métayer.

Canton d'Utelle. — Le propriétaire prend les trois ci
quièmes sur le produit des oliviers et des châtaigniers
les autres produits sont divisibles par moitié.

Le métayer est tenu de fournir les cabaux. Les s
mences sont fournies par moitié.

Les outils aratoires sont fournis et entretenus par
métayer.

Les fourrages sont à la charge du métayer. Les engra
qu'on achète sont payés par portions égales.

Canton de Villefranche. — Le partage des produits et les prélèvements se font comme dans les deux cantons de Nice.

Les cabaux et les semences sont fournies par le maître à l'entrée d'un nouveau métayer. Ils sont prélevés sur les récoltes des années suivantes.

Les outils aratoires sont fournis et entretenus par le métayer.

En cas d'insuffisance des fourrages, ce qui manque est acheté à frais communs. Il en est de même des engrais. Ceux provenant de la métairie doivent toujours y être employés exclusivement.

Canton de Puget-Théniers. — Après chaque récolte ou à l'expiration du bail, les produits sont partagés par égales portions, après prélèvement des semences et fournitures de toutes sortes. La part du maître est portée à son domicile par le fermier. La moins-value, comme la plus-value, en ce qui concerne plus spécialement les bestiaux, est partagée sur le pied de l'estimation faite lors de l'entrée du métayer.

Usages particuliers à Puget-Théniers. — Pour les olives et les raisins, le maître prend les trois cinquièmes de la récolte, et le métayer les deux cinquièmes. Celui-ci est tenu de payer au maître cinquante litres de blé pour la nourriture de chaque bête de travail, tels que mulets et bœufs ; vingt-cinq pour les ânes ; les bêtes sont fournies par le maître. Les cochons sont aussi fournis par le propriétaire, mais ils sont nourris par le métayer. Leur perte incombe au maître seul. Le maître et le métayer partagent la plus-value. En cas de perte complète des troupeaux ou des récoltes, le maître ne peut réclamer ses avances.

Le maître fournit les semences à Puget-Théniers, Croix et Puget-Rostang. A Saint-Léger et à Ascros, el sont fournies moitié par chacun. A La Penne, la seme est fournie par le maître la première année, et par mo les années suivantes. Ce dernier usage n'est pas const du reste. — Dans les différentes communes du cant les cabaux sont fournis par le maître. La plus ou moi value est ensuite partagée.

Généralement, le métayer est tenu à la fourniture à l'entretien des outils aratoires. Cependant, à Pug Rostang et à La Penne, la fourniture est faite par le p priétaire. S'il y a insuffisance de fourrages, ce qui m que est acheté par moitié. Quant au fumier, le méta est obligé de laisser, en sortant, la quantité qui exis à son entrée. S'il y a excédant, une moitié de l'excéd reste à la terre, et l'autre moitié est partagée entre maître et le métayer. A Puget-Rostang, l'excédant fumier appartient au métayer.

Canton de Guillaumes. — Les produits sont partag par égale portion entre le propriétaire et le métayer. prélève la semence, qui, à l'entrée en jouissance, fournie par le propriétaire, ainsi que les bestiaux. L bénéfices sont partagés par égale portion ; les pertes so également supportées par égale portion.

Le propriétaire fournit les outils. Le métayer est si plement chargé de leur entretien.

S'il manque des fourrages ou des engrais, le compl ment est acheté à frais communs.

Canton de Roquestéron. — Mêmes usages que dans canton de Guillaumes, quant au partage des produits au prélèvement des semences.

Celles-ci sont fournies par le propriétaire, à l'entr

en jouissance. Il les prélève sur les récoltes suivantes.

Les outils sont fournis par le propriétaire, et le métayer les entretient.

Même réponse que pour le canton de Guillaumes, en ce qui concerne les fourrages et les engrais.

Canton de Saint-Étienne. — Pas d'usage constant pour la proportion dans laquelle les produits sont partagés. Le prélèvement n'a lieu qu'à la fin du bail, et seulement pour les fourrages, semences ou engrais avancés ou fournis par le propriétaire.

La fourniture des cabaux et semences est faite par moitié.

Les outils aratoires sont fournis et entretenus par le métayer.

Les fourrages sont partagés. La paille appartient au fermier, mais les engrais sont à sa charge.

Canton de Saint-Sauveur. — Toutes les récoltes, à l'exception de la paille, se partagent par moitié.

Les semences sont fournies par le propriétaire, mais il les prélève lors de la récolte.

Le métayer fournit et entretient les outils aratoires.

Comme dans le canton de Saint-Étienne, les fourrages sont partagés. La paille appartient au fermier, mais les engrais sont à sa charge.

Canton de Villars. — Les conventions relatives au partage des produits et aux prélèvements sont les mêmes que dans les deux cantons de Nice.

La fourniture des cabaux et des semences est faite par moitié.

Le propriétaire fournit les outils aratoires. Leur entretien a lieu par moitié.

Les fourrages sont consommés par les bestiaux du domaine. Les engrais sont à la charge du métayer.

50me QUESTION

Quels sont les usages relatifs, tant à la nature des travaux agricoles
qu'au mode et à l'époque de leur exécution?

ARRONDISSEMENT DE GRASSE

On ne se sert, pour les travaux des champs, que d'instruments très-ordinaires. L'ancien araire tient lieu de charrue; la herse est inconnue. La pioche à deux dents, la pioche pleine sont les deux outils les plus habituellement employés. La disposition des terrains, situés en pente presque partout et plantés d'oliviers, a puissamment contribué, avec la routine, à maintenir les anciens instruments.

La nature des travaux agricoles détermine le mode l'époque de leur exécution. Ainsi, l'olivier doit être guérété [1], tous les ans, de février à fin mai, c'est-à-dire après la fauchaison. — On l'élague à des époques différentes suivant les localités, mais c'est toujours après une bonne récolte. On le fume aussi à des époques qui varient suivant les pays, plus souvent dans la plaine que dans la montagne. On peut dire que l'olivier doit recevoir du fumier au moins tous les deux ans, de septembre à mars.

Pour les terres arables le guérêtage se fait ou après fauchaison des foins (mai-juin), ou après la moisson (juillet, août). — On bine ordinairement en septembre. On sème ordinairement à la fin d'octobre et en novembre.

(1) Le guérêtage comprend, non seulement le bêchage du pied de l'arbre, mais encore celui des terres intermédiaires.

La vigne se taille en général en mars et elle est guérê-
tée à la même époque.

Les pommes de terre se cultivent à des époques différentes, suivant qu'il s'agit de la partie méridionale ou
septentrionale de l'arrondissement.

ARRONDISSEMENTS DE NICE ÈT DE PUGET-THÉNIERS

Cantons de Nice. — Par suite de la grande division de
la propriété, la charrue n'est pas en usage, et les labours
se font à bras d'homme. Aussi, les travaux agricoles ne
diffèrent-ils guère, par leur nature, de ceux qui se font
pour les vergers, les jardins et les prairies. A ce propos,
le règlement de 1784, plusieurs fois cité, s'exprime
ainsi au titre II, art. 8 : « Tout métayer qui, en défrichant,
ne fendra pas le terrain jusqu'à la profondeur d'une
palme et un quart (0^{m}32) par sétérée (15 ares), pourra être
licencié sur-le-champ, sans qu'il lui soit tenu compte du
travail mal fait, etc. » (Voir l'*Appendice.*)

Voici ce que l'usage a encore ajouté aux prescriptions
du règlement susdit : Les orangers, citroniers, limoniers,
et en général tous les arbres de l'espèce citrine, doivent
être élagués après la récolte, soit des fruits, soit des fleurs ;
en outre, il doivent être labourés et fumés une fois par an,
dans le courant de septembre. Les arbres fruitiers doivent être élagués et les vignes taillées dans les mois de
décembre, janvier et février. L'élagage des mûriers se
fait après la cueillette des feuilles, c'est-à-dire vers la
fin du mois de juin. La plantation des vignes, des arbres
fruitiers, orangers, etc., se fait depuis le mois de novembre jusqu'à la fin du mois mars. L'époque des semailles
est, comme partout ailleurs, au commencement de l'au-

tomne. La moisson se fait du 25 juin au 25 juillet, et les vendanges ont lieu depuis le 20 septembre jusqu'à la fin d'octobre. Quant aux olives, on emploie un temps assez long pour les ramasser dans les années de récolte abondante. En effet, elles commencent à mûrir et à tomber au mois de novembre, et les oliviers ne se trouvent entièrement dépouillés de fruits que vers la fin du mois de juin.

Canton de Breil. — Les oliviers se cultivent deux fois par an, au printemps et dans l'automne. La culture se fait à la charrue traînée par des bœufs, et à la pioche, là où la charrue ne peut fonctionner. Le métayer est tenu de faire tous les travaux agricoles et les réparations ordinaires, telles que celles provenant d'éboulements, pourvu toutefois que le travail n'excède pas trois journées d'homme par éboulement. L'élagage des arbres est à la charge du propriétaire.

Canton de Contes. — Les travaux agricoles concernent presque exclusivement la culture de l'olivier et celle de la vigne. La terre est ordinairement bêchée tous les deux ans. On se sert de la charrue dans quelques localités où les céréales sont cultivées.

Canton de Menton. — Les oliviers sont labourés tous les deux ans, en août, ou bien en février ou en mars. Ils sont élagués tous les cinq ou six ans. Les citroniers sont labourés et élagués une fois par an.

Il n'y a rien de particulier à noter dans les autres cantons. Sauf dans ceux du nord, l'olivier forme la culture principale. Celle des orangers et des citroniers a aussi une grande importance dans les cantons de Nice et dans ceux de Villefranche et de Menton.

Le pays étant montagneux, les transports ont généralement lieu à dos d'homme ou de mulet. La charrue ne peut être employée que dans un nombre assez restreint de localités. C'est la charrue ancienne, connue sous le nom d'araire.

La mauvaise qualité des terrains, le défaut de routes et le manque de capitaux retardent beaucoup les progrès agricoles.

51e ET 52e QUESTIONS

51e. Quel est l'usage relativement à la vente, par le métayer, des bestiaux attachés au domaine?
52e. Peut-il y procéder sans le consentement du maître?

ARRONDISSEMENT DE GRASSE

Les soins de la vente sont à la charge du métayer, qui la fait sur place ou sur le marché, après accord avec le maître, quant aux conditions.

Il ne peut procéder à la vente sans le consentement du maître, hors le cas, cependant, où il s'agit des bêtes remises en capital au métayer, qui est alors tenu de les rendre sur le pied de l'estimation primitive, et où des sûretés ont été données au maître pour cette restitution.

ARRONDISSEMENTS DE NICE ET DE PUGET-THÉNIERS

Dans plusieurs cantons, les bestiaux appartiennent exclusivement au maître, et ne peuvent conséquemment être vendus que par lui.

Dans ceux où leur propriété est commune entre le maître et le métayer, celui-ci ne peut jamais les vendre sans le consentement du maître.

53e QUESTION

Existe-il quelque usage quant à la rétention, de la part du maître, sur la portion de récolte revenant au métayer, d'une valeur égale aux avances qu'il avait faites ?

ARRONDISSEMENT DE GRASSE

La rétention est toujours permise au maître, qui la fait ou la diffère, suivant les convenances et l'intérêt qu'il peut avoir à la cessation ou au maintien de la métairie, si le colon ne peut se passer de sa part de récolte pour continuer l'exploitation.

Souvent, du reste, les propriétaires, lorsqu'ils sont sans crainte sur la libération des métayers, ne procèdent pas par voie de rétention, et ils attendent que les métayers remboursent spontanément ce qui leur a été avancé.

ARRONDISSEMENTS DE NICE ET DE PUGET-THÉNIERS

Les avances se prélèvent, dans les différents cantons, lors du partage des récoltes.

54e QUESTION

A quelle époque le métayer entre-t-il en possession ?

ARRONDISSEMENT DE GRASSE

Dans les cantons de Grasse, du Bar, de Cannes, toujours à la Toussaint.

A Coursegoules et à Saint-Auban, au 1er mars, de même à Saint-Vallier, où le fermier entre aussi parfois à la Toussaint.

A Antibes, à la Saint-Michel ; à Vence, à la taille de la vigne, ou en janvier, ou à l'époque des guérets, en mai, ou à la Saint-Michel.

Cantons de Nice — Le métayer a la direction des bestiaux à dater du 3 mai. A partir de cette époque, il doit soigner et récolter les fourrages, mais il n'entre en possession de la propriété qu'au 18 octobre suivant. Toutefois, il n'a aucun droit sur la récolte pendante des olives et des oranges, qui appartiennent encore au métayer sortant. Pour les prairies, l'entrée en possession du nouveau métayer et la sortie de l'ancien ont lieu le 2 février.

Canton de Breil. — Le nouveau métayer n'entre en possession qu'après la récolte du blé et des différents autres produits.

Canton de Contes. — Le métayer entre en possession de la maison à la fin de septembre, et des terres, au 18 octobre.

Canton de l'Escarène. — L'entrée en possession a lieu à la Toussaint.

Canton de Levens. — A la fin d'octobre, le plus généralement.

Canton de Saint-Martin-Lantosque. — L'entrée en possession a lieu le 1er octobre.

Canton de Menton. — Du 29 septembre au 1er octobre.

Canton de Sospel. — Pas d'usage constant. Le plus souvent, le métayer entre en possession dans le mois de mars.

Canton d'Utelle. — En mars ou en septembre.

Canton de Villefranche. — En mai.

Canton de Puget-Théniers. — Les époques de l'entrée en possession sont variables. En général, c'est à la Saint-Michel (29 septembre). Toutefois, à Puget-Théniers, le métayer entre en possession le 30 novembre; à la Penne, en novembre ou en mars; à Puget-Rostang, en mars; à Ascros, le 1er mars ou le 29 septembre.

Canton de Saint-Etienne. — L'entrée en possession a lieu en mars.

Canton de Guillaumes. — Généralement, dans l'automne, et avant les semences.

Canton de Roquestéron. — En mars ou en septembre.

Canton de Saint-Sauveur. — A la Saint-Michel.

Canton de Villars. — Ordinairement, à la fin de septembre.

55e QUESTION

Quelle est la durée du bail fait sans écrit?

ARRONDISSEMENT DE GRASSE

Elle est de deux années en général.

ARRONDISSEMENTS DE NICE ET DE PUGET-THÉNIERS.

Cantons de Nice, Contes, Sospel et Utelle. — Elle est d'une année. Il est, du reste, sous-entendu que le bail continue, s'il n'y a pas de congé donné. — Si la récolte principale du bien-fonds consiste en huile, le métayer reste deux ans.

Canton de Breil. — Le bail est de deux ans pour les terres plantées d'oliviers, de cinq pour les vignobles et les terres labourables et arrosables faisant partie de la métairie, d'un an pour les terres arrosables et les prés secs.

Cantons de l'Escarène, Menton, Saint-Martin-Lantosque, Puget-Théniers, Guillaumes et Villars. — La durée du bail est d'un an.

Cantons de Levens et Villefranche. — Le bail est pour deux ans.

Canton de Saint-Étienne — Le bail est de trois ans pour les terres situées dans les quartiers méridionaux, de deux ans pour celles situées au nord, et d'un an pour les prés et les terres isolées ou de faible contenance.

Canton de Roquestéron. — Pas de règle fixe.

Canton de Saint-Sauveur. — Généralement, le bail est pour quatre ans.

56ᵉ ET 57ᵉ QUESTIONS

56ᵉ. Le métayer est-il autorisé à confier certaines cultures à des ouvriers étrangers au domaine?
57ᵉ. A quelles conditions?

ARRONDISSEMENT DE GRASSE

Le métayer emploie les ouvriers qui lui conviennent, à la charge d'exécuter les travaux d'une manière conforme aux accords des partis et aux règles d'une bonne agriculture.

Sans condition de rigueur; mais, d'ordinaire, avec l'agrément, exprès ou tacite, du maître.

ARRONDISSEMENTS DE NICE ET DE PUGET-THÉNIERS

En général, l'autorisation n'est pas nécessaire. Il en est autrement, cependant, s'il s'agit de confier à un ouvrier étranger l'ensemble d'un travail spécial, comme la taille des vignes, la cueillette des olives et l'élagage des arbres. Le travail confié à l'étranger est, dans tous les cas, sous la responsabilité du métayer.

58ᵉ QUESTION

Quel est l'usage, relativement à la contribution, entre le métayer et le maître, au sujet des prestations des chemins vicinaux qui n'ont pas pu être effectuées en nature ?

ARRONDISSEMENT DE GRASSE

Dans les cantons de Coursegoules, Saint-Vallier et Saint-Auban, le métayer acquitte les prestations.

Dans les cinq autres cantons, la charge se partage entre le maître et le métayer, proportionnellement à la part qui revient à chacun des fruits du domaine.

ARRONDISSEMENTS DE NICE ET DE PUGET-THÉNIERS

La prestation en nature, bien que prescrite par la loi, n'était pas exécutée ou ne l'était que très-imparfaitement dans bon nombre de cantons, sous le régime sarde, et il ne s'est pas encore écoulé assez de temps depuis l'Annexion pour que l'usage ait pu établir une règle fixe quant à la question de savoir qui, du propriétaire ou du métayer, doit acquitter la prestation en argent, lorsqu'elle n'a pas été effectuée en nature.

59ᵉ QUESTION

Le métayer est-il tenu de quelques réparations locatives, relativement aux bâtiments qui lui sont livrés ?

ARRONDISSEMENT DE GRASSE

Dans les cantons de Saint-Vallier, de Cannes et du Bar, le métayer est assimilé à un locataire ordinaire.

Partout ailleurs, il n'est tenu d'aucune réparation, à moins qu'il n'ait commis quelques abus graves.

ARRONDISSEMENTS DE NICE ET DE PUGET-THÉNIERS

Cantons de Nice. — Le métayer n'est tenu qu'au transport des matériaux qui sont destinés à l'usage particulier de son habitation et des écuries.

Canton de Breil. — Il n'est tenu à aucune réparation, et il en est ainsi dans les cantons de Contes, l'Escarène, Sospel, Villefranche, Saint-Étienne, Guillaumes et Roquestéron.

Canton de Levens. — Le métayer doit exécuter les réparations prescrites par la loi, c'est-à-dire par l'art. 1754 du Code Napoléon. — Même réponse pour les cantons de Saint-Martin-Lantosque, Utelle et Puget-Théniers.

Canton de Menton. — Pas d'usage constant. — Même réponse pour le canton de Villars.

Canton de Saint-Sauveur. — Le propriétaire n'exige du métayer que la mise en bon état des portes et fenêtres.

60ᵉ QUESTION

Quels sont les usages, quant aux rapports du métayer sortant, avec le
métayer entrant, touchant les travaux, les bestiaux, les répartitions
des fourrages ?

ARRONDISSEMENT DE GRASSE

A Antibes et à Saint-Vallier, c'est avec le propriétaire
seul que le métayer sortant ou entrant a affaire. Les
fourrages sont consommés dans la propriété, et il ne peut
s'élever, à cet égard, de contestations. On pourrait en
dire autant pour les cantons de Grasse, de Cannes, de
Saint-Auban, où l'usage est de laisser la propriété dans
l'état où on l'a reçue. Ce qui signifie que le métayer sortant n'a à s'entendre qu'avec le propriétaire. A Vence et à
Coursegoules, le métayer sortant récolte ce qu'il a semé,
et celui qui entre lui doit fournir les bêtes pour le charroi
et le local pour l'engrangement. On établit, s'il y a lieu,
le compte des fourrages existant à l'entrée et à la sortie;
de même, pour ce dernier point, à Saint-Auban.

Au Bar, le métayer entrant tient compte à celui qui
sort des travaux faits par lui sur la propriété et dont il
ne peut recueillir le profit.

ARRONDISSEMENTS DE NICE ET DE PUGET-THÉNIERS

Cantons de Nice. — La réponse a été donnée à la question 54ᵉ. Il faut cependant ajouter que les fourrages, la
paille et la litière restent attachés au fonds, et ne peuvent, par conséquent, être emportés par le métayer sortant. Les nombreuses difficultés qui surgissent ordinai-

rement entre les deux métayers, par suite de la longue durée de leurs rapports, qui peut s'étendre jusqu'à treize mois aux années de bonne récolte d'olives, ont fait introduire un nouvel usage, d'après lequel le propriétaire a le droit de faire sortir le métayer immédiatement après la signification du congé, en lui payant, à dire d'expert nommé d'accord, ou, d'office, par le juge paix, une indemnité correspondante à la part de toutes les récoltes qu'il aurait dû prendre, déduction faite des frais de cueillette, et au montant des travaux de culture déjà exécutés et desquels il ne peut trouver profit.

Canton de Contes. — A moins de convention contraire, le métayer sortant prend les récoltes de l'année, et émonde les oliviers qui n'ont pas été émondés depuis quatre ans. Le métayer entrant fait les labours pour les prochaines semailles, et achète la moitié des bestiaux appartenant au métayer sortant ou les remplace d'autre façon. Il fauche, en outre, les foins de l'année.

Canton de Levens. — Le métayer sortant doit relever les murs tombés pendant la durée de son bail, émonder les arbres et indemniser son successeur, s'il ne les a pas fumés comme il le devait. Il doit laisser la paille et les fourrages, mais il prend la moitié des foins semés. Pas d'usage quant aux bestiaux.

Canton de Saint-Martin-Lantosque. — Le métayer sortant exécute les travaux nécessaires pour la récolte, dont il doit avoir la moitié. Il partage les bestiaux avec le propriétaire et laisse la même quantité de fourrage qu'il a trouvée en entrant.

Canton de Sospel. — Le métayer sortant doit laisser les travaux à peu près dans l'état où ils étaient lors de son entrée en jouissance. Il répare les murs tombés

7

pendant la durée de son bail. Il laisse la quantité de fumier qu'il a trouvée à son entrée. S'il y en a davantage, la moitié lui appartient ; mais le maître peut la retenir moyennant paiement. Il en est de même des fourrages.

Canton d'Utelle. — Les travaux relatifs à la récolte pendante sont à la charge du métayer sortant. Les bestiaux sont partagés entre lui et le maître. Le produit des prairies est divisé par moitié.

Canton de Villefranche. — Ici encore, les travaux relatifs à la récolte pendante sont faits par le métayer sortant, ce qui est, d'ailleurs, la règle générale pour tous les cantons. Comme on la fait connaître à la 54e question, le nouveau métayer entre en mai. L'ancien ne quitte, du reste, définitivement le domaine qu'au 18 octobre. Il recueille pourtant encore les récoltes pendantes par branche, tels que les citrons et les olives : les citrons jusqu'à Pâques, et les olives jusqu'à leur parfaite maturité.

Canton de Saint-Sauveur. — Les récoltes pendantes sont au fermier sortant. Il est, d'ailleurs, tenu de laisser à son successeur les pailles et les engrais qui se trouvent dans la métairie.

Les commissions des cantons de Breil, l'Escarène, Menton, Puget-Théniers, Saint-Etienne, Guillaumes, Roquestéron et Villars n'ont noté aucun usage, ou se sont bornées à dire que le métayer sortant doit laisser les choses dans l'état où il les a trouvées.

61e QUESTION

Quels sont le délai des congés en matière de métayage et le mode de
signification ? — Peut-on, dans certaines circonstances, expulser
immédiatement le métayer ? — Dans ce cas, quelle indemnité lui
accorde-t-on ?

ARRONDISSEMENT DE GRASSE

Dans les cantons de Coursegoules, Saint-Vallier et
Saint-Auban, l'usage est qu'il faut un délai de six mois ;
de quatre mois dans le canton du Bar, de trois mois ailleurs. L'époque de ces congés est le plus souvent déterminée par la fin de la récolte, ou le commencement d'une
saison, par exemple la fin de juillet, ou les fêtes de
Noël, de Pâques, ou la Saint-Michel.

Néanmoins, dans les cantons de Grasse, Cannes, Antibes et le Bar, l'expulsion peut toujours être immédiate,
pourvu qu'on donne au métayer le temps d'enlever les
meubles et autres objets lui appartenant, ce qui ne comporte pas plus de huit jours.

Dans les cantons de Coursegoules, Saint-Vallier, Vence et Saint-Auban, cette expulsion immédiate est aussi
possible, mais elle doit être motivée par des raisons
graves, tandis qu'ailleurs le bail peut se rompre par la
volonté de l'une des parties. Si le métayer prend les
récoltes pendantes, il n'a à réclamer et on ne lui accorde
aucune autre indemnité que le prix estimatif des travaux
par lui faits pour la récolte qu'il laisse.

Lorsqu'il y a, cependant, des oliviers sur la ferme, on
accorde au métayer, eu égard aux deux récoltes, l'une
bonne et l'autre mauvaise, qu'il aurait faites dans la période de deux ans pour laquelle le bail avait eu lieu, une

part de bénéfice proportionnée à la durée de son exploitation, déduction faite de toutes les choses dont il aurai
été encore tenu pour réaliser ce bénéfice.

ARRONDISSEMENTS DE NICE ET DE PUGET-THÉNIERS.

Cantons de Nice. — Le congé doit être signifié au mé
tayer, pour toutes les choses dont il jouit, le 27 décembre
sa sortie a lieu le 18 octobre suivant. Quant aux prés
il les a jusqu'au 2 février de la deuxième année qui su
celle où le congé est donné; c'est-à-dire que, pour le
prés, le congé doit être signifié treize mois d'avance. —
Quant au mode de signification, il est conforme à la loi
Le métayer peut être expulsé immédiatement, s'i
n'exécute pas les travaux agricoles, s'il commet des in
fidélités et s'il ne se conforme pas à l'article 7, titre I
des Bans ruraux, mentionnés à la 50e question.

Canton de Breil. — Le congé est donné six mois à l'a
vance, verbalement et par un tiers.

L'expulsion du métayer peut avoir lieu, en cas d
fraude commise par lui ou par les siens. Ce cas échéant
il prend la portion qui lui revient, comme dans le par
tage ordinaire, sans pouvoir prétendre à une indemnité

Canton de Contes. — Les congés se donnent ordinaire
ment à Noël, sans écrit, et ne s'exécutent qu'à la fin d
septembre pour l'habitation, au 18 octobre pour le
récoltes générales, et à une époque indéterminée pou
les olives, dont la parfaite maturité n'a quelquefois lie
qu'au mois de juin.

L'expulsion immédiate du métayer ne peut avoi
lieu.

Canton de l'Escarène. — Les significations se font ver

balement, en présence de deux témoins, avant le 24 juin.

Point d'usage quant à l'expulsion immédiate du métayer. '

Canton de Levens. — Elles se font aussi verbalement et en présence de deux témoins, six mois d'avance. — Il en est de même dans les cantons d'Utelle et de Villars.

L'expulsion peut avoir lieu, dans le canton de Levens, en cas d'infidélité, mais seulement moyennant le paiement d'une indemnité fixée par experts, et proportionnée aux travaux, à la valeur des semences et aux bénéfices présumés.

Canton de Menton. — Le congé se donne à la Saint-Jean (24 juin).

Point d'usage quant à l'expulsion immédiate du métayer.

Canton de Saint-Martin-Lantosque. — Comme dans le canton de Levens, les significations se font verbalement et en présence de deux témoins, six mois d'avance.

L'expulsion peut avoir lieu immédiatement et sans indemnité, si le métayer ne cultive pas la propriété en bon père de famille.

Canton de Sospel. — Le délai du congé est de cinq mois. La signification a lieu verbalement.

Canton de Villefranche. — Les congés doivent être signifiés le 25 décembre pour le 18 octobre suivant, c'est-à dire dix mois à l'avance, et s'il s'agit d'un fonds dont les fruits se recueillent dans le cours de deux années, le congé est donné vingt-deux mois à l'avance, c'est-à-dire le 25 décembre au moins pour le 18 octobre de la deuxième année.

Canton de Puget-Théniers. — En général, le congé est

donné verbalement, en présence de témoins, trois mois
avant l'expiration du bail. Toutefois, le délai est de cinq
mois à Saint-Léger et de six mois à la Penne.

Point d'usage quant à l'expulsion immédiate du métayer.

Canton de Roquestéron. — Le congé est donné verbalement dans le mois de mars pour sortir en septembre,
ou dans le mois de septembre pour sortir en mars.

Canton de Saint-Sauveur. — Le délai est de quatre
mois. La signification est verbale et faite devant deux
témoins.

L'expulsion immédiate du métayer ne peut avoir lieu.

Il n'existe pas d'usage constant quant au délai, ni quant
au mode de signification du congé, dans les cantons de
Saint-Etienne et de Guillaumes.

Dans celui de Saint-Étienne, l'expulsion ne peut d'ailleurs être ordonnée que par justice. L'indemnité est
fixée à dire d'experts.

62ᵉ QUESTION

Le bail à complant est-il en usage!

ARRONDISSEMENT DE GRASSE

Non.

ARRONDISSEMENTS DE NICE ET DE PUGET-THÉNIERS

Il n'est nulle part en usage, sauf dans le canton d'U-
telle, où l'on en trouve quelques exemples.

SIXIÈME PARTIE

DOMESTIQUES

63ᵉ QUESTION

Quel est l'usage relativement à la location ou louage des domestiques ?

1° Quant à l'époque de l'année où ont lieu ces sortes de conventions ?

2° Quant au temps pour lequel elles sont faites ?

3° Quant aux modes de constatation du contrat ?

4° Quant aux causes et conséquences de sa résolution ?

5° Quant aux congés pris par les domestiques ou à eux donnés ?

Notamment, le domestique qui, après avoir eu l'intention de quitter son maître, et s'être engagé envers un autre, s'est décidé à demeurer dans la première condition, peut-il le faire sans indemnité à celui qu'il avait promis de servir ?

ARRONDISSEMENT DE GRASSE

Il n'y a pas d'usage pour les domestiques attachés au service de la personne. Quant à ceux employés dans les fermes, ils sont engagés :

1° En tout temps, mais surtout au moment où vont commencer les principaux travaux ;

2° Pour un an, dans les trois cantons de Saint-Vallier, Saint-Auban, Coursegoules ; un mois, ailleurs ;

3° Par simples conventions verbales ;

4° Sans stipuler d'autres causes de résolution que

l'inexécution des obligations respectives, et sans accord préalable sur les conséquences de cette résolution ;

5° A la charge de donner congé huit ou quinze jours d'avance, et même trois mois là ou le louage est pour une année ;

6° Le domestique qui manque de parole doit doubler les arrhes en général, ou tenir compte de huit jours de service, ou donner une indemnité.

ARRONDISSEMENTS DE NICE ET DE PUGET-THÉNIERS

Le louage des domestiques a généralement lieu à la Saint-Michel dans les cantons de Villefranche et de Puget-Théniers, au mois de mars dans le canton de Saint-Étienne, à l'automne et au printemps dans le canton de Guillaumes, le 8 septembre dans le canton de Roquestéron et au mois de janvier dans celui de Saint-Sauveur.

Dans les autres cantons, les conventions de l'espèce sont faites à toute époque de l'année.

Les conventions sont faites pour un mois dans les cantons de Nice, l'Escarène, Menton et Villefranche, et pour un an dans les cantons de Breil, Saint-Martin-Lantosque, Utelle, Puget-Théniers, Roquestéron et Villars.

Dans les cantons de Contes et de Sospel, le louage a lieu pour l'année, lorsqu'il s'agit de serviteurs ruraux. Dans le cas contraire, il est pour un mois.

Dans le canton de Guillaumes, la durée de la convention est tantôt de six mois et tantôt d'une année.

Dans le canton de Saint-Étienne, elle est d'une année pour les femmes de ménage, de huit mois pour les bergers et de sept mois pour les domestiques employés à la culture.

Dans le canton de Saint-Sauveur, elle est généralement d'un an. Elle n'est cependant que de six mois pour les bergers.

L'usage n'a pas établi de règles fixes pour le canton de Levens.

Dans les différents cantons des arrondissements de Nice et de Puget-Théniers, les conventions sont verbales, et il n'existe nulle part aucun mode particulier de constatation.

Les causes de la résolution des conventions entre maîtres et domestiques sont très-diverses, et nulle part l'usage n'a déterminé d'une manière bien précise les conséquences qui en découlent, pour les uns et pour les autres.

En général, cependant, si la cause de résolution provient du domestique, comme lorsqu'il tombe malade, manque de l'aptitude voulue pour son service, ou est appelé sous les drapeaux, il ne lui est payé que les gages dûs au jour de sa sortie. Si, au contraire, il est congédié sans motifs plausibles, sans que le maître soit fondé à lui rien reprocher, il a droit à l'intégralité du prix stipulé à son entrée, pour toute la durée de la période de son engagement.

Les contestations qui s'élèvent en cette matière sont souvent portées devant le juge de paix, qui rend ses décisions d'après les circonstances de l'affaire.

Dans les deux cantons de Nice et dans ceux de Levens, Menton et Villefranche, les congés doivent être donnés huit jours au moins avant la sortie, tant de la part du maître que de celle du domestique.

Le délai est de quinze jours dans les cantons de l'Escarène, de Sospel et d'Utelle.

Ailleurs, l'usage n'a pas établi de règle précise.

Dans les cantons de Contes, Saint-Martin-Lantosque, Saint-Étienne, Guillaumes, Roquestéron et Saint-Sauveur le domestique est tenu de payer une indemnité à celui qu'il avait promis de servir, quand, après lui avoir fait cette promesse, il se décide à demeurer dans sa première condition.

Il n'existe pas d'usage constant à cet égard dans les autres cantons.

64ᵉ QUESTION

Le mariage du domestique, pendant l'année, rompt-il, à sa volonté, son engagement ?

ARRONDISSEMENT DE GRASSE

A Saint-Vallier, l'engagement est rompu. Ailleurs, le domestique qui se marie est tenu, s'il veut quitter son maître, de lui donner congé suivant l'usage reçu.

ARRONDISSEMENTS DE NICE ET DE PUGET-THÉNIERS

Réponse négative pour tous les cantons.

65ᵉ QUESTION

L'engagement militaire du domestique, pendant l'année, rompt-il, à sa volonté, son engagement civil ?

ARRONDISSEMENT DE GRASSE

Même réponse que pour la question précédente.

ARRONDISSEMENTS DE NICE ET DE PUGET-THÉNIERS

Réponse négative pour tous les cantons.

SEPTIÈME PARTIE

MOUTURE DES CÉRÉALES.—PRESSURAGE DES NOIX

66ᵉ QUESTION

Quels sont les usages relatifs aux moutures des céréales, blés, maïs :
1° Quant au prix imposé par le meunier ?
2° Quant au transport du blé ou des autres grains à réduire en farine, et de la farine une fois confectionnée ?

ARRONDISSEMENT DE GRASSE

Dans les cantons d'Antibes, Cannes, le Bar et Vence, le prix de la mouture ne se donne qu'en argent ; il varie le plus communément entre 50 c. et 1 fr. — A Antibes, il est de 1 fr. 40 c.

Dans les cantons de Coursegoules et de Grasse, on paie tantôt en argent (dans le même proportion que ci-dessus), tantôt en nature ; à Coursegoules, le meunier prélève le quarantième ; — à Grasse, le vingtième de la quantité moulue. Il y a toujours un prélèvement en nature : à Saint-Auban, le quarantième, et à Saint-Vallier, le soixantième.

ARRONDISSEMENTS DE NICE ET DE PUGET-THÉNIERS

Canton de Breil. — Le prix est payable en nature, à raison de 2 1/2 pour cent, y compris le transport du blé et de la farine.

Conton de Contes. — Le prix de la mouture est ordinairement du vingtième. Le détritage des olives est fait moyennant l'abandon, par le propriétaire, de deux hectogrammes par sac. Le transport des grains et de la farine est à la charge du propriétaire.

Canton de l'Escarène. — Le meunier prélève la trente-deuxième partie sur les céréales soumises à la mouture. Le transport des grains et de la farine est à sa charge.

Canton de Levens. — Le prix de la mouture varie dans les différentes communes du canton. Le transport est à la charge des propriétaires.

Même réponse pour le canton de Villars.

Canton de Saint-Martin-Lantosque. — Le paiement a lieu en nature, et dans la proportion d'un litre pour soixante. Le meunier ne fait pas les transports.

Canton de Menton. — A Menton, on donne 2 fr. 50 par hectolitre; à Roquebrune, 7 centimes et demi par rup, ou 8 kilogr.; à Saint-Agnès, 1 kilogr. de farine sur 25; à Castellar, 1 fr. par double décalitre; et à Gorbio, 4 hectogrammes sur 8 kilogr. — Le transport est à la charge du propriétaire.

Canton de Sospel. — Le meunier prélève un vingtième sur les moutures, si ceux qui font moudre sont domiciliés hors du territoire de la commune; s'ils sont domiciliés dans la commune, le prélèvement est seulement du quarantième. Le transport est à la charge du meunier dans la circonscription de la commune.

Canton d'Utelle. — Le meunier prélève un trentième sur les céréales. Le transport n'est pas à sa charge.

Canton de Villefranche. — Le prix de la mouture est fixé à un trente-deuxième pour les communes de la Turbie et d'Eze. Il n'y a pas de moulins à farine à Villefranche. Le propriétaire doit effectuer le transport du grain et de la farine.

Canton de Puget-Théniers. — Dans les communes de

Puget-Théniers, la Penne et Ascros, le meunier prélève deux litres par hectolitre; il prélève un litre par soixante litres dans les communes de Rigaud, Auvare, et Puget-Rostang, et un litre par soixante-quatre litres dans les communes de la Croix et Saint-Léger. — A Puget-Théniers, le transport du grain et de la farine est à la charge du meunier. Dans les autres communes, il doit être effectué par ceux qui font moudre.

Canton de Saint-Étienne. — Le prix de la mouture est du trente-deuxième. — Le transport est fait par le propriétaire. Le meunier met à la disposition de ses clients les ustensiles nécessaires pour le lavage du blé, moins les linceuls pour l'étendage.

Canton de Guillaumes. — Le meunier prend 2 pour cent en nature. Il ne se charge pas du transport.

Canton de Roquestéron. — Le droit de mouture est d'un quarante-huitième. Le propriétaire fait les transports.

Canton de Saint-Sauveur. — Le meunier prend 6 pour cent et ne se charge pas du transport.

Les deux cantons de Nice n'ont pas d'usage.

67ₑ et 68ᵉ QUESTIONS

67ᵉ. Quels sont les usages relatifs au pressurage des noix :
1° Quant au prix à exiger?
2° Quant au transport?
68ᵉ. Le propriétaire des noix aide-t-il l'ouvrier dans son travail?

ARRONDISSEMENT DE GRASSE

Cette industrie n'existe pas dans l'arrondissement, les noix se consommant en nature pour l'alimentation.

Canton de Puget-Théniers. — Le prix habituellement exigé est tout à la fois en argent et en nature, savoir : dix centimes par kilogr. et la moitié des tourteaux. — Le transport est à la charge du propriétaire des noix, qui aide, en outre, l'ouvrier dans son travail.

Canton de Saint-Étienne. — Il est dû, pour prix du pressurage, un litre sur seize. Les tourteaux sont partagés. Le transport est à la charge du propriétaire des noix, qui aide d'ailleurs l'ouvrier dans son travail.

Canton de Guillaumes. — Le meunier prélève vingt-deux centimes par kilogr. d'huile. Le transport est à la charge du propriétaire. Celui-ci aide l'ouvrier dans son travail.

Il n'existe pas d'usage dans les autres cantons, où d'ailleurs on ne fabrique pas d'huile de noix.

MOUTURE ET PRESSURAGE DES OLIVES

69ᵉ QUESTION

Quels sont les usages relatifs à la mouture et au pressurage des olives :
1° Quant au prix à exiger ?
2° Quant au marc ou noyaux ?

ARRONDISSEMENT DE GRASSE

En général, les olives sont vendues aux fabricants d'huile.

Lorsqu'elles sont pressurées pour le compte du producteur :

1° On exige de lui 1 fr. par vingt doubles décalitres ou motte, excepté à Cannes et à Saint-Vallier, où le maître des olives abandonne seulement les noyaux ; mais il nourrit les meuniers, ce qui équivaut, comme résultat, à l'usage des autres cantons ;

2° Le marc reste à l'usinier, qui en extrait de l'huile de fabrique.

ARRONDISSEMENTS DE NICE ET DE PUGET-THÉNIERS

Canton de Breil. — La mouture et le pressurage des olives ont lieu par association. Cette association se compose : 1° du propriétaire de l'usine, qui fournit un ouvrier pendant toute la campagne ; 2° du meunier, qui concourt personnellement à l'opération ; 3° et des propriétaires des olives, qui, au jour de la mouture et du pressurage, fournissent aussi deux ouvriers et la nourriture des quatre personnes employées au travail. Le meunier et l'ouvrier fourni par le propriétaire de l'usine reçoivent de la société chacun 50 centimes par chaque journée de travail. Les propriétaires des olives prennent en totalité l'huile provenant du pressurage ; mais ils laissent dans l'usine les ressences et les eaux de l'enfer, dont les huiles sont partagées de la manière suivante, après prélèvement sur le prix des frais de loyer et d'entretien des ustensiles : un neuvième pour le propriétaire de l'usine ; un sixième pour le meunier et le restant pour les propriétaires des olives, en proportion de la quantité de fruit qu'ils avaient fournie. — Le marc appartient aux propriétaire des olives, dans la proportion d'un quart.

Canton de Contes. — Le prix à payer pour la mouture et le pressurage est de 20 centimes par sac d'olives, si l'on n'aime mieux laisser prélever par le meunier deux hectogrammes par sac. — Le marc et les noyaux appartiennent au propriétaire.

Canton de l'Escarène. — Le maître du moulin a droit à la cinquantième partie de l'huile. Le transport des olives, de l'huile et du grignon est, d'ailleurs, à sa charge.

Canton de Levens. — Le prix se paie en nature, et est variable. — Le marc et les noyaux appartiennent toujours au propriétaire.

Il en est de même dans le canton de Villars.

Canton de Saint-Martin-Lantosque. — Le paiement se fait d'ordinaire en nature ; on donne un litre sur quinze. Si le propriétaire fournit le bois, il prend les quatre ciquièmes du marc et des noyaux. Dans le cas contraire, il ne lui en appartient que la moitié.

Canton de Menton. — Le marc et les noyaux tiennent lieu de rémunération au meunier. Il en est de même dans le canton de Villefranche, avec cette différence que le meunier donne même au propriétaire une charge d'engrais par charge de 5 setiers d'olives, ou une somme d'argent équivalente (en moyenne, 2 francs).

Canton de Sospel. — Si le propriétaire fait lui-même le lavage des ressences, il doit payer au meunier deux livres et demie d'huile (8 hectogrammes environ) par chaque huit doubles décalitres d'olives. Si le lavage n'est pas fait par le propriétaire, les ressences restent au meunier pour lui tenir lieu de paiement ; mais il donne en échange une livre et demie d'huile (18 onces) pour chaque huit doubles décalitres. Dans le dernier cas, le meunier, est, toutefois, obligé de laisser prendre au proprié-

taire deux doubles décalitres de grignons sur seize décalitres d'olives.

Canton d'Utelle. — Celui auquel appartient la presse
prête sa main-d'œuvre, et exige de plus un vingt-cin-
quième du produit en nature des olives. Le produit
du second pressurage se partage entre le meunier et le
propriétaire. — Le marc et les noyaux restent à ce dernier.

Canton de Puget-Théniers. — Le paiement du prix a
lieu le plus souvent en nature. On donne trois hectogrammes d'huile pour huit doubles-décalitres d'olives,
c'est-à-dire un soixante-quinzième environ. Lorsque le
paiement se fait en argent, c'est à raison de 40 centimes
les trois hectogrammes et demi-d'huile, quantité fournie habituellement par huit doubles décalitres d'olives.
— Le marc et les noyaux appartiennent au propriétaire.

Canton de Roquestéron. — L'usinier donne au triturant
10 centimes par double décalitre d'olives. — Le marc et
les noyaux appartiennent au premier.

Canton de Saint-Sauveur. — On exige pour prix un
kilogramme sur cent. — Le marc et les noyaux appartiennent aux particuliers.

Les cantons de Nice-Est et Nice-Ouest, Saint-Étienne
et Guillaumes sont les seuls où il n'existe point d'usage.

70e QUESTION

Comment règle-t-on la levée de l'huile?

ARRONDISSEMENT DE GRASSE

L'huile provenant du pressurage reste en général en
repos pendant trois ou quatre heures. Après quoi, elle

8

est enlevée et portée presque partout chez le propriétaire, par les soins de l'usinier.

Dans les différents cantons, le propriétaire lève la plu
grande quantité d'huile possible. Il le fait entre un
mouture et l'autre.

71e QUESTION

Comment règle-t-on la vidange des eaux dans les enfers?

ARRONDISSEMENT DE GRASSE

L'usinier dispose de la vidange des eaux.

ARRONDISSEMENTS DE NICE ET DE PUGET-THÉNIERS

Canton de Breil. — La vidange des eaux a lieu a
moyen d'un siphon, et le produit en est partagé comm
on l'a fait connaître en réponse à la 69e question.

Canton de l'Escarène. — Il n'est pas d'usage d'opére
la vidange des eaux dans les enfers. On lave la pâte qu
sort du pressoir, et on la dépose de nouveau sous l
meule, en remplissant d'eau la cavité où agit celle-c
En sortant de là, l'eau est recueillie dans plusieurs ré
servoirs successifs et on prend l'huile qui surnage.

Canton de Saint-Martin-Lantosque. — Cette opératio
est faite en présence du propriétaire.

Canton de Menton. — Les eaux des enfers sont lais
sées au meunier.

Même usage dans les cantons de Puget-Théniers e
de Villars.

Canton de Sospel. — La vidange est à la charge du meunier, à moins que le lavage des grignons n'ait été fait par le propriétaire des olives, cas dans lequel celui-ci utilise les eaux des enfers comme il l'entend.

Canton d'Utelle. — Les eaux des enfers sont vidées après que le propriétaire des olives en a écumé l'huile.

Canton de Villefranche. — L'huile d'enfer ou de ressence s'extrait des marcs ou noyaux soumis au pressurage, en les lavant dans de l'eau bouillante. Cette eau passe par une série de réservoirs construits en échelons, c'est-à-dire que le deuxième est moins élevé que le premier, le troisième moins que le deuxième, etc. L'huile est recueillie à la surface de ces réservoirs. Elle appartient au meunier. Toutefois, à la Turbie et à Èze, le propriétaire des olives prend l'huile des deux premiers réservoirs.

Canton de Roquestéron. — Le triturant règle lui-même la vidange des eaux dans les enfers.

Pas d'usage ou pas de réponse à cette question pour ce qui concerne les cantons de Nice, Contes, Levens, Saint-Étienne, Guillaumes et Saint-Sauveur.

TISSAGE DES LAINES ET CHANVRES

—

72e, 73e et 74e QUESTIONS

72e Quels sont les usages relatifs aux teintures d'étoffes?
73e Quels sont les prix à exiger?
74e Toutes les couleurs et nuances sont-elles portées au même chiffre?

ARRONDISSEMENT DE GRASSE

L'industrie de la teinture d'étoffes est très-rare dans

l'arrondissement de Grasse, et ne comporte pas d'usage constant et reconnu.

Canton de Puget-Théniers. — Il existe à Puget-Théniers une fabrique de drap, où l'on fait la teinture, tout à la fois pour les produits de la fabrique et pour les tissus apportés du dehors par les habitants du pays. Ceux-ci d'ailleurs font rarement teindre. — Le prix exigé est de 50 cent. en moyenne par kilogr. — Les couleurs *pleines* sont d'un prix plus élevé que les autres.

Canton de Saint-Etienne. — Les étoffes sont teintes au *petit-teint*, en noir, marron foncé et marron clair. — On exige de 35 à 40 centimes par mètre. — Le prix est uniforme pour toutes les couleurs et nuances.

On ne signale aucun usage dans les autres cantons. A vrai dire, l'industrie de la teinture n'existe pas dans les arrondissements de Nice et de Puget-Théniers. C'est, du reste, ce qu'ont fait observer les différentes commissions cantonales.

CUISSON DU PAIN

75ᵉ, 76ᵉ, 77ᵉ et 78ᵉ QUESTIONS

75ᵉ Quels sont les usages relatifs à la cuisson du pain?
76ᵉ Quel est le salaire demandé par le fournier?
77ᵉ Se fait-il payer en argent ou en nature?
78ᵉ Les fagots ou bois pour chauffer le four, par qui sont-ils fournis?

ARRONDISSEMENT DE GRASSE

On cuit le pain dans des fours exploités par des particuliers et ouverts au public.

Les usages, quant au salaire, varient presque de commune à commune. Ainsi, dans le canton du Bar, le fournier est payé en nature, suivant la quantité de pain cuit, à raison de 1 kil. de pain par 30 kil.

Dans le canton de Cannes, le salaire du fournier est de 1 fr. pour 50 kil. de farine.

Dans celui de Saint-Vallier, le droit de fournage, toujours perçu en nature, n'est pas fixe. En outre de ce droit, le fournier prélève également un morceau de pâte. Dans le canton de Vence, le salaire attribué au fournier est, en moyenne, de 4 centimes par chaque particulier qui fait cuire un pain.

A Antibes, ce salaire est de 60 centimes par chaque propriétaire, dont la moyenne, par cuisson, est de 40 pains.

A Grasse, le fournier perçoit, pour les particuliers, un pain sur 20, du poids de 1 kil., et un morceau de pâte prise au moment où le pain est placé dans le four; c'est ce qu'on appelle *pain de fortune*.

Le fournier se fait payer en nature dans les cantons de Grasse, de Coursegoules et de Saint-Vallier; en argent ou en nature, partout ailleurs.

Le bois de chauffage est fourni par le fournier ou par ses associés [1].

---

[1] L'exploitation d'un four se fait, dans l'arrondissement, par un *ramiller*, qui fournit la broussaille, par une *maîtresse de pelle*, ordinairement la femme du *ramiller*, et par deux *fournières*.

Le produit ou bénéfice que donne le four se divise en huit portions appelées *quartons*. Le propriétaire ou locataire du four, la maîtresse de pelle et les deux fournières en prennent chacun une, et le *ramiller* en reçoit quatre à lui seul. Le propriétaire ou locataire du four a le droit de choisir l'une des fournières; l'autre, ainsi que la maîtresse de pelle, sont choisies par le ramiller.

ARRONDISSEMENTS DE NICE ET DE PUGET-THÉNIERS

Canton de Breil. — Le fournier se fait payer cinq pou
cent en nature. Le bois est fourni par lui. Un contrat lu
donne le droit de le prendre sur les biens communaux
moyennant une redevance.

Canton de Contes. — Les habitants portent la pâte pétri
au four, et en rapportent le pain. Si le salaire du fournie
est payé en nature, il est d'un pain sur seize. Lorsque l
paiement a lieu en argent, on donne cinq centimes pou
quatre pains. Le bois est fourni par le fournier. Dans le
communes de Berre et de Coaraze, la commune le lu
donne à titre gratuit.

Canton de l'Escarène. — On donne au fournier, com
me salaire, la trente-deuxième partie du pain cuit. L
bois est fourni par lui.

Canton de Levens. — Les fours appartiennent ordina
rement aux communes. La rémunération du fournier
lieu en nature. Elle varie dans le canton ; le plus sou
vent, cependant, on donne un pain sur vingt-cinq. Le
fagots sont fournis par les propriétaires.

Canton de Saint-Martin-Lantosque. — Les fours appar
tiennent à la commune. Tout le monde a le droit d'
faire cuire son pain, moyennant l'abandon au fournie
de 1 pain sur 30. Les pains sont du poids d'un tiers d
kilogramme. Le fournier fournit le bois.

Canton de Menton. — A Menton, on donne au fournie
15 centimes par chaque 8 kilogrammes de pain ; à Go
bio, une forme de pain sur trente, plus une forme pou
le transport du pain à domicile; à Castellar et à Sainte
Agnès, un pain sur cinquante et un pour le transport.
Menton, Roquebrune et Sainte-Agnès, le bois est fourn

par le propriétaire ; à Gorbio, par la commune, et à Castellar par le fournier.

Canton de Sospel. — La rémunération du fournier est d'un vingtième du pain cuit. Il fournit le bois.

Canton d'Utelle. — On donne au fournier un quarantième en nature. Les habitants lui fournissent le bois.

Canton de Villefranche. — Les fourniers prennent 20 centimes par rup ancien. Le bois est fourni par eux. Les fours leur appartiennent généralement.

Canton de Puget-Théniers. — Les fours sont aux communes. Les fourniers se font partout payer en nature, dans la proportion, savoir : d'un quarantième à Puget-Théniers et à la Croix, d'un soixantième à Puget-Rostang et d'un cinquantième dans les autres communes. Le bois est fourni par le consommateur. Cependant, quand il y a chômage et que le four est refroidi, le fournier doit donner, à Puget-Théniers, tout le bois ; à Puget-Rostang, 2 quintaux seulement.

Canton de Saint-Etienne. — Le salaire du fournier est acquitté en nature. Il est de 2 pour cent pour le pain de froment, d'un pour cent pour celui de seigle. On donne aussi au fournier un pour cent pour le transport. Le bois est fourni par les habitants.

Canton de Guillaumes. — Dans une partie du canton, les fours sont communaux. Des fourniers les exploitent pour le compte de la commune. Dans l'autre partie, les fours sont particuliers ou communaux, et sont exploités par les particuliers ou les communistes. Le fournier a droit à 1 pain sur 70. Les fagots sont fournis par les habitants.

Canton de Roquestéron. — Généralement, chacun pétrit son pain chez soi. Le fournier vient le prendre et le rapporte.—Il perçoit pour salaire un trentième du pain cuit.

— Les habitants fournissent le bois, ou en remboursent le prix au fournier, sur le pied de 25 cent. les 40 kilogrammes.

Canton de Saint-Sauveur. — Les fours appartiennent, soit aux particuliers, soit aux communes. On doit au fournier 1 pain sur 20. Le bois est fourni par les habitants. Le fournier garde les cendres.

Canton de Villars. — Les habitants pétrissent chez eux et le fournier porte la pâte au four. Son salaire est payé en nature ; mais la commission cantonale n'a pas indiqué dans quelle proportion. Le bois est fourni par les habitants.

La commission des deux cantons de Nice n'a fait aucune réponse aux questions relatives à la cuisson du pain.

TRANSPORT DES MARCHANDISES

—

79 et 80ᵉ QUESTIONS

79ᵉ Quel est l'usage relatif au transport des marchandises à destination ?

80ᵉ Les voituriers sont-ils tenus de les déposer devant la porte du magasin du réceptionnaire ou dans les magasins mêmes?

ARRONDISSEMENT DE GRASSE

Pas d'usage bien constant. Selon que les marchandises sont plus ou moins encombrantes, ou en plus ou moins grande quantité, le voiturier va les prendre sur place, ou les reçoit chez lui.

A moins d'accords antérieurs, qui sont, d'ailleurs, très-fréquents, les marchandises sont posées devant la porte par les voituriers des magasins ou maisons.

ARRONDISSEMENTS DE NICE ET DE PUGET-THÉNIERS

Cantons de Nice. — Les voituriers déposent les marchandises devant la porte du magasin du réceptionnaire. — Même usage dans les cantons de Menton, Puget-Théniers et Guillaumes.

Canton de Breil.—Les marchandises sont transportées par les voituriers dans les magasins mêmes. — Même usage dans les cantons de l'Escarène, Saint-Martin-Lantosque, Sospel, Utelle, Roquestéron et Saint-Sauveur.

Canton de Villefranche. — Si le transport est effectué par voie de terre, le voiturier dépose les marchandises dans les magasins mêmes du réceptionnaire. Si c'est par voie de mer, le réceptionnaire les fait prendre sur le quai.

Pas d'usage dans les cantons de Contes, Levens, Saint-Étienne et Villars.

Dans la plupart des cantons, les transports se font à dos de mulet. Le prix est variable. Il est de 15 fr. par cent kilog., et par chaque jour de trajet dans le canton de Saint-Étienne; il est de 8 fr. dans le canton de Saint-Sauveur.

SOIES

—

81e QUESTION

Quels sont les usages pour la condition des soies ?

ARRONDISSEMENT DE GRASSE

Cette industrie n'existe que dans le seul canton de Grasse, et elle n'y a pas assez d'importance pour qu'on ait dû y établir des conditions publiques, comme à Lyon.

ARRONDISSEMENTS DE NICE ET DE PUGET-THÉNIERS

Pas d'usage.

HUITIÈME PARTIE

USAGES DIVERS

—

82ᵉ QUESTION

Quels sont les usages relatifs à la pêche des varechs et goëmons, et aux algues et plantes aquatiques rejetées sur les rivages des étangs ?

ARRONDISSEMENT DE GRASSE

Point d'usage en ce qui concerne les varechs et goë-mons. Quant aux algues, on en tolère l'enlèvement par les particuliers qui en font des engrais.

ARRONDISSEMENTS DE NICE ET DE PUGET-THÉNIERS

Il n'existe pas d'usage.

83 et 84ᵉ QUESTIONS

83ᵉ Quel est l'usage relatif aux essaims qui quittent leur ruche, et aux lapins qui sortent de leur garenne ?
84ᵉ Le propriétaire peut-il les revendiquer ou deviennent-ils la propriété de celui qui les trouve et les recueille ?

ARRONDISSEMENT DE GRASSE

Les propriétaires recueillent les essaims dans les lieux où ils les retrouvent, sous la condition expresse qu'ils ne les auront pas perdus de vue.

Quant aux lapins, il n'existe pas de garennes dans

l'arrondissement et l'on ne peut relever d'usage à cet égard.

Les essaims ne deviennent pas la propriété de ceux qui les trouvent et les recueillent, si les véritables maîtres sont reconnus et si ces derniers peuvent prouver qu'ils ne les ont pas perdus de vue.

ARRONDISSEMENTS DE NICE ET DE PUGET-THÉNIERS

Dans les différents cantons, les usages existant anciennement ont été abandonnés, et l'on se conforme aux dispositions des articles 474 et 684 du Code civil sarde, ainsi conçus :

« ART. 474. — Les pigeons, lapins, poissons, qui passent dans un autre colombier, garenne ou étang, appartiennent au propriétaire de ces objets, pourvu qu'ils n'y aient point été attirés par fraude et artifice.

« ART. 684. — Tout propriétaire d'essaim d'abeilles a le droit de les suivre sur le fonds d'autrui ; mais il est tenu de réparer le dommage causé au possesseur du fonds : celui-ci peut s'en emparer et les retenir, si le propriétaire ne les a pas suivis dans les deux jours, ou a cessé de les suivre pendant un même intervalle de temps. »

85ᵉ QUESTION

Le ban de vendange est-il en usage ?

ARRONDISSEMENT DE GRASSE

Non.

ARRONDISSEMENTS DE NICE ET DE PUGET-THÉNIERS

Il est en usage dans les seuls cantons de Nice, Contes (le chef-lieu), Utelle et Villefranche (le chef lieu).

NEUVIÈME PARTIE

CONDUITE DES TROUPEAUX A LA MONTAGNE
AFFERME D'HERBAGES

—

86e QUESTION

Quels sont les usages du contrat d'afferme d'herbages pour les troupeaux ? Comment et à quelle époque sont-ils conduits à la montagne ?

ARRONDISSEMENT DE GRASSE

Les troupeaux du nord de l'arrondissement, c'est-à-dire de la montagne, viennent passer l'hiver dans les communes du midi. Il y arrivent le 1er septembre et en partent à la fin du mois d'avril.

Le propriétaire des herbages reçoit une redevance proportionnée à leur étendue, un agneau et des prestations de laitage. Il a, en outre, le fumier.

Les parties règlent le nombre des bestiaux. La bergerie est fournie par le propriétaire. Les troupeaux étrangers sont soumis aux mêmes conditions et arrivent ou repartent plutôt, suivant le climat du lieu d'où ils viennent.

ARRONDISSEMENTS DE NICE ET DE PUGET-THÉNIERS

Canton de Breil. — L'afferme d'herbages pour les vaches se fait pour la saison d'été, qui commence le 1er juin et finit le 30 septembre. Pour le menu bétail, elle comprend trois périodes, dites : 1° de l'été, qui commence le 2 août et finit le 31 octobre; 2° de l'automne, qui commence le 1er novembre et finit le 25 décembre ; 3° et de l'hiver, qui s'étend du 25 décembre au 15 avril. Un seul prend les trois périodes, pour les sous-louer ensuite.

Canton de Contes. — Les vaches, chèvres et brebis *de troupeau* sont conduites à l'*alpage* au commencement de juin et y demeurent jusqu'à la fin de septembre. Les fermiers des alpes ou des pâturages des hautes montagnes retiennent tous les produits en lait des bêtes, reçoivent un droit uniforme pour leur garde, et livrent à la fin de la saison, aux propriétaires des troupeaux, une certaine quantité de fromages secs et en pâte, qui est censée représenter le lait recueilli.

Canton de l'Escarène. — L'afferme des herbages n'a pas de terme fixe. Les troupeaux sont généralement introduits en automne, et sortent au printemps pour être conduits à la montagne.

Canton de Levens. — Les herbages sont mis aux enchères, et quelquefois on assujétit le bétail à une taxe. Les troupeaux sont conduits à la montagne le 5 juin.

Canton de Saint-Martin-Lantosque. — Il n'y a pas de contrat d'afferme pour les herbages; tout propriétaire a le droit de conduire ses troupeaux à la montagne, moyennant une redevauce de 50 cent. pour les bœufs et les vaches, de 20 cent. pour les chèvres et de 10 cent. pour les moutons et les brebis. Les troupeaux sont conduits aux herbages dans les premiers jours de juin, et y restent jusqu'à fin octobre.

Canton de Menton. — Les communes de Castellar, Gorbio et Sainte-Agnès afferment les herbages, tant des terrains communaux que des terrains privés, aux bergers de la Briga et de Tende, à partir du 1ᵉʳ novembre jusqu'au 1ᵉʳ mai. Les fumiers des troupeaux sont distribués par le maire entre tous les propriétaires, en proportion des terrains qu'ils possèdent.

Canton de Sospel. — Sauf à Moulinet, les troupeaux viennent de Tende et de la Briga. L'afferme a lieu du 1ᵉʳ novembre à la fin d'avril. Le prix est fixé par les possesseurs du droit de pacage, de gré à gré, avec les bergers. Il y a adjudication pour les herbages communaux.

Canton d'Utelle. — Les possesseurs de troupeaux paient une redevance, par tête, à la commune Les bestiaux sont conduits à la montagne le 6 juin.

Canton de Villefranche. — Les herbages sont affermés à des bergers étrangers, appartenant généralement à la commune de Briga ou à celle de Tende, qui conduisent leurs troupeaux dans le canton, à partir du 18 septembre. L'afferme finit le 3 mai.

Canton de Puget-Théniers. — Les communes d'Auvare, Rigaud et Puget-Rostang possèdent seules des montagnes pastorales. La première afferme celles qu'elle possède, de trois ans en trois ans, aux bergers de Provence, qui y conduisent leurs troupeaux en juin, et les en retirent en octobre. Le prix de l'afferme est reçu par le maire et trois conseillers municipaux. Une moitié de ce prix est versée dans la caisse communale. L'autre moitié est divisée entre les habitants propriétaires d'herbages, dans la proportion de l'étendue de leur terres. A Rigaud et à Puget-Rostang, les herbages ne servent qu'aux troupeaux des habitants. Ils y sont conduits dans la première quinzaine de juin, et on les en retire à la fin de septembre.

Canton de Saint-Etienne. — Les herbages des monta-

gnes communales et particulières sont en général affermées pour trois ans. Les troupeaux y sont conduits dans
le courant de juin, et y demeurent jusqu'à la fin de septembre.

Canton de Guillaumes. — Les montagnes appartenant
aux particuliers sont affermées par baux écrits; celles
appartenant aux communes sont parcourues par les
troupeaux des particuliers, moyennant une rétribution
pour chaque tête de bétail. Les troupeaux sont conduits
dans les montagnes au mois de juin.

Canton de Saint-Sauveur. — Les montagnes servant
au pacage des vaches sont affermées par la commune à
des particuliers. Les vaches y sont conduites à la fin de
juin et y restent jusqu'à l'arrivée des neiges. Les autres
terrains communaux sont livrés toute l'année au pâturage,
au profit des habitants de la commune, moyennant le
payement d'une taxe municipale.

L'afferme des herbages est inusité dans les cantons de
Nice, Roquestéron et Villars.

TRAVAIL AGRICOLE

87e QUESTION

Quelle est la durée de la journée du travail agricole?

ARRONDISSEMENT DE GRASSE

En été, de 6 heures du matin à 6 heures du soir.
En hiver, du lever au coucher du soleil.

Le temps nécessaire pour l'aller est compris dans les intervalles.

En hiver, les ouvriers ne font qu'un repas, pour lequel ils disposent d'une heure.

En été, ils en font deux, ce qui leur donne deux heures de repos.

ARRONDISSEMENTS DE NICE ET DE PUGET-THÉNIERS

Cantons de Nice. — A moins de conventions contraires, la journée de travail commence, en toute saison, au lever du soleil, pour finir à son coucher. — Les ouvriers se reposent de midi à deux heures.

Canton de Breil. — Elle est de dix heures dans l'hiver, et de douze dans l'été.

Canton de Contes. — En toute saison, l'ouvrier part de chez lui pour se rendre au travail une heure après l'aube. Il quitte le travail à la tombée de la nuit. Depuis le 4 mai jusqu'au 14 septembre, il se repose de midi à deux heures.

Canton de l'Escarène. — La durée est de huit heures en hiver et de dix heures dans les autres saisons, non compris le temps des repas.

Canton de Levens. — La journée se compose de l'intervalle compris entre le lever et le coucher du soleil. — Il en est de même dans les cantons de Villefranche et Villars.

Canton de Saint-Martin-Lantosque. — La journée de travail dure depuis huit heures du matin jusqu'à quatre heures du soir en hiver (huit heures), et depuis six heures du matin jusqu'à sept heures du soir en été (treize heures).

Canton de Menton. — Sept heures pendant six mois de l'année et neuf heures pendant les autres six mois.

Canton de Sospel. — La durée s'étend du point du jour jusqu'à la tombée de la nuit, y compris l'aller et le retour, plus, en hiver, une heure de repos à midi; en été, une heure de repos au déjeuner, à huit heures, et deux heures au dîner, à midi.

Canton d'Utelle. — Du 1er septembre au 1er avril, la journée moyenne est de neuf heures; elle est de douze heures pour le restant de l'année.

Canton de Puget-Théniers. — L'ouvrier travaille, en été, de cinq heures du matin à sept heures du soir (quatorze heures) et en hiver, de sept heures du matin à cinq heures du soir (dix heures).

Canton de Saint-Etienne. — La journée est de douze heures en été et de huit en hiver.

Canton de Guillaumes. — Elle est de sept heures en hiver, et de dix en été.

Canton de Roquestéron. — L'usage n'a pas établi de règle fixe.

Canton de Saint-Sauveur. — D'avril à octobre, l'ouvrier travaille *environ* douze heures, et d'octobre à avril, *environ* neuf heures.

MATURITÉ DES FRUITS

—

88ᵉ QUESTION

(Art. 626 du Code de procédure civile)

Quelle est l'époque de la maturité des fruits

ARRONDISSEMENT DE GRASSE

Il est difficile de préciser l'époque de la maturité de la plupart des fruits. Voici cependant des données certaines pour quelques-uns.

Le raisin en septembre.

Les olives de novembre à mai.

Les blés fin juin ou commencement de juillet.

Les fourrages se récoltent du mois de mai au 15 juin.

ARRONDISSEMENTS DE NICE ET DE PUGET-THÉNIERS

L'époque ordinaire de la maturité des fruits varie suivant les cantons.

En général, le blé est mûr en juin et juillet; les olives se récoltent de février à juin; les raisins, en septembre et octobre; les châtaignes, en octobre et novembre; les foins, en mai; les figuiers, en septembre et octobre; les oranges, de novembre à avril; les citrons, toute l'année.

MARCHÉS

—

89e QUESTION

(Art. 617, 633 et 699 du Code de procédure civile)

Quels sont les deux marchés les plus voisins de chaque commune du
canton, dans l'arrondissement.

ARRONDISSEMENT DE GRASSE

Il n'y a, dans l'arrondissement, de marchés fréquentés
qu'à Grasse, le mardi et le vendredi ; à Cannes, le jeudi,
et à Antibes, le lundi.

Les communes du canton de Vence fréquentent le plus
souvent le marché de Nice.

ARRONDISSEMENTS DE NICE ET DE GRASSE

Les seuls marchés qui existent sont ceux de Nice et
de Menton, dans l'arrondissement de Nice, et celui de
Puget-Théniers, dans l'arrondissement de ce nom.

ENLÈVEMENT DES TERRES ET MATÉRIAUX
APPARTENANT AUX COMMUNES

—

90e QUESTION

(Art. 479, no 12 du Code pénal)

Existe-t-il un usage général qui permette, pour les besoins de l'agriculture, d'enlever des terres ou matériaux appartenant aux communes ?

ARRONDISSEMENT DE GRASSE

Dans le seul canton de Coursegoules, il est permis
d'enlever, sur les terrains appartenant aux communes,
des pierres et du sable pour les constructions.

Dans quelques autres communes de l'arrondissement,
il y a simple tolérance.

ARRONDISSEMENTS DE NICE ET DE PUGET-THÉNIERS

Réponse négative.

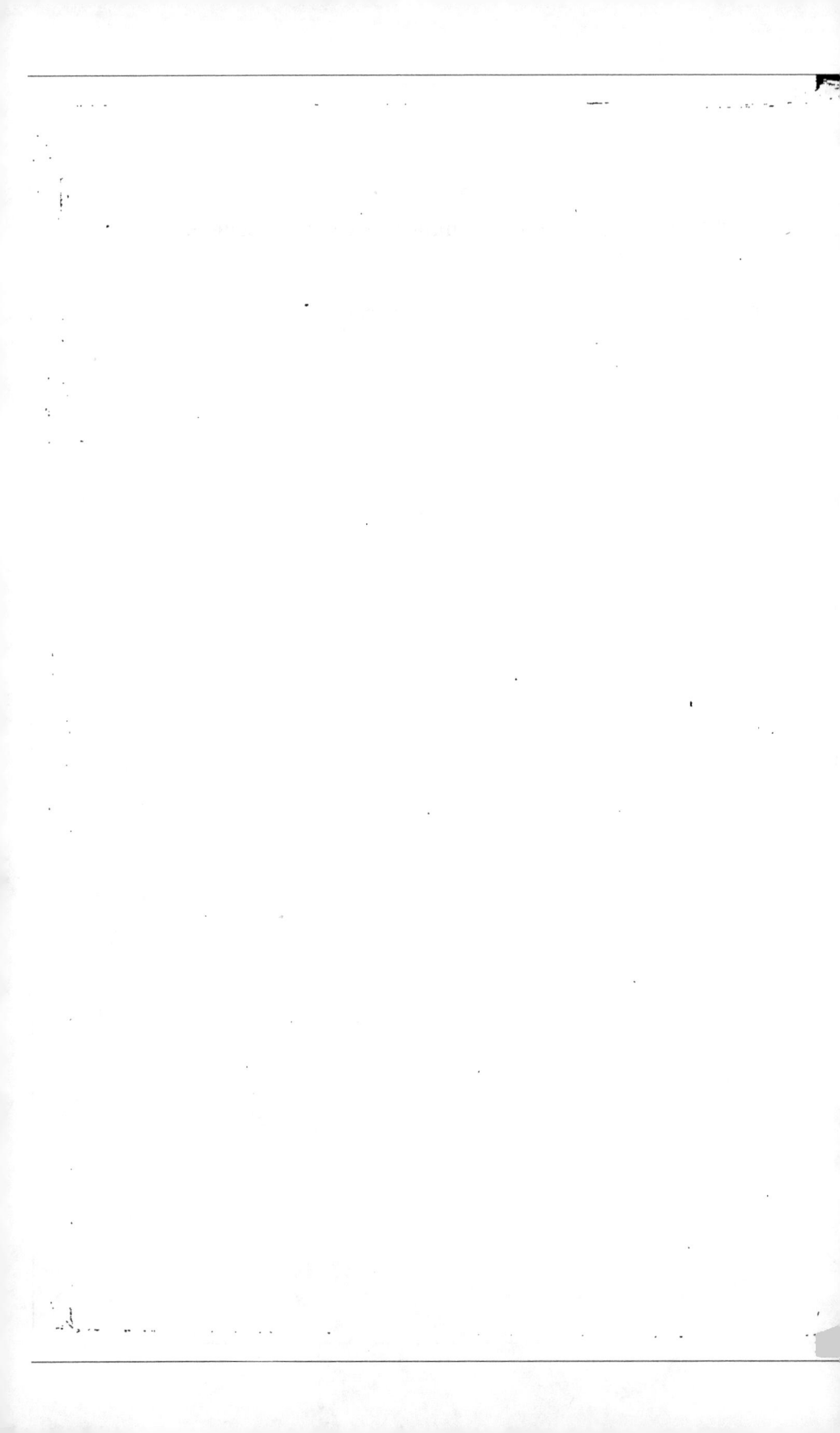

APPENDICE

_____

Extrait des bans champêtres ou ruraux de la ville de Nice

—

TITRE II

DISPOSITIONS RELATIVES AUX PROPRIÉTÉS RURALES

Article Premier. — Les capitaines ou chefs des quartiers devront exactement observer et faire observer par qui que ce soit le règlement du 23 juin 1743, qui a été publié en conformité des patentes royales du 24 du même mois.

Art. 2. — Il est interdit de chasser sur les biens d'autrui cultivés, à partir du mois d'avril jusqu'au 8 octobre, sous peine d'une amende de 2 écus, à moins d'une permission spéciale des propriétaires.

On ne pourra également chasser en tout autre temps, contre la volonté des mêmes, sous peine de 2 écus d'amende.

Art. 3. — Nul, de quelque état et condition qu'il puisse être, ne pourra passer dans la propriété d'autrui contre la défense du propriétaire, des métayers ou colons, locataires et autres qui le représentent, sous peine, quoiqu'il n'y ait fait aucun dégât, s'il est à pied, d'une amende d'une livre, et du double, s'il est à cheval ; et s'il y avait occasionné quelque dommage, indépendamment du montant de celui-ci, on doublera la peine susdite.

Mais s'il avait volé du raisin, des fruits, des gerbes de blé ou autres, l'amende sera de 5 fr. pour la première fois, et elle sera doublée en cas de récidive.

Art. 4. — Quiconque, dans la propriété d'autrui, taillera l'écorce d'un olivier, d'un mûrier, d'un figuier ou de tout autre arbre domestique, ou bien coupera ou déracinera un de ces arbres, encourra une amende de 10 fr. pour chaque arbre.

Art. 5. — Pour les arbres sauvages qui auront été dépouillés de leur écorce, coupés ou déracinés comme ci-dessus, l'amende sera de 3 fr.; elle sera doublée si l'arbre est situé sur le bord de quelque ruisseau ou de quelque torrent.

Art. 6. — Quiconque, pour s'introduire dans la propriété d'autrui, grimpera sur les murs à sec ou en maçonnerie, ou tentera d'endommager les haies ou de pénétrer de quelque manière que ce soit au delà des mêmes, ou des murs qui sont destinés à clore la propriété, encourra une amende de 8 fr., et les peines portées par les paragraphes précédents seront doublées, si la contravention a lieu pendant la nuit.

Art. 7. — Les métayers qui transporteront, à l'insu des propriétaires et hors des fonds par eux cultivés, du blé ou tout autre espèce de plantes fromentacées, du foin, de la paille, du fumier; qui vendront des fèves fraîches ou sèches avant la division, ou céleront également avant la division des figues sèches; qui vendront des olives, couperont le raisin, cueilleront les amandes, en s'appropriant la portion qui en est dévolue au propriétaire, pourront immédiatement être congédiés, pourvu toutefois qu'il en résulte une demi-preuve, appuyée du jurement du propriétaire. Il sera cependant payé au métayer le montant des travaux qu'il aura exécutés sur le fonds d'après les règles de l'art, et celui-ci devra à son tour payer les dégâts qu'il aura occasionnés et qu'on devra liquider.

Art. 8. — Tout métayer qui, en défrichant, ne fendra pas le terrain jusqu'à la profondeur d'une palme et un quart par sétérée, pourra être licencié sur-le-champ, sans qu'il lui soit tenu compte du travail mal fait.

S'il n'a pas rechaussé les vignes à la fin du mois de juillet, il perdra un tiers de sa portion de vin, qu'il devra abandonner au profit du propriétaire.

Si, vers la fin du mois de mars, il n'a pas labouré les vignes, et si, à la mi-septembre, il n'a pas houé la terre pour l'ensemencement du blé et des fèves, il payera au propriétaire une indemnité de 10 fr. pour chaque sétérée non labourée.

Si, pendant l'année de la bonne récolte des olives, il n'a

pas élagué les oliviers d'après les règles de l'art, il payera 1 fr. au propriétaire pour chaque arbre non élagué.

Et s'il n'a pas labouré la terre et semé sous les oliviers durant le mois de mai, il payera également 20 sous au propriétaire.

Art. 9. — S'il gaule les oliviers pendant qu'ils sont baignés ou humides, ou bien s'il tente, n'importe avec quel moyen, de faire périr un arbre, il payera au propriétaire le double de la valeur de l'arbre s'il vient à périr, et en cas contraire, le double seulement de la valeur du dégât.

S'il déplace quelques échalas soutenant des vignes, il payera deux sous pour chaque échalas.

Art. 10. — Tout métayer qui laissera endommager par les bestiaux les vignes et les autres plantes grosses ou petites, ou les lieux ensemencés dans les propriétés qu'il s'est chargé de cultiver, encourra une amende de 5 sous pour chaque plante, et de 15 sous pour chaque seizième de sétérée, appelé vulgairement *moutural* de terrain ensemencé, outre la valeur du dommage, à moins que ledit métayer n'habite hors du bien-fonds endommagé.

Art. 11. — Et pour que chacun puisse, avec plus de réserve, s'abstenir d'endommager les propriétés d'autrui et que la quantité des dommages soit fixée, il a été arrêté qu'on payera, indépendamment du montant des dégâts, la peine du ban comme ci-après :

Art. 12. — Pour chaque cep de vigne jusqu'à quatre ans, rongé beaucoup ou peu par une bête, déraciné, brisé ou tout autrement endommagé, il sera payé 5 sous au propriétaire ; et pour toute autre vigne rongée ou endommagée comme ci-dessus, il sera payé 7 sous.

Art. 13. — Pour chaque oranger et citronnier greffé, 10 sous, outre le dommage.

Art. 14. — Pour chaque figuier, pommier, poirier, olivier et tout autre arbre domestique planté, 5 sous, outre le dommage.

*Extrait des Statuts approuvés par le Sénat de Nice,
le 3 décembre 1784.*

—

TITRE VIII

DES EAUX ET AQUEDUCS

Article Premier. — Les propriétés inférieures recevront les eaux pluviales des fonds supérieurs, et on ne pourra les déverser sur les propriétés latérales, sauf le cas où leur écoulement, sur la propriété inférieure, serait impossible.

Art. 2. — Les canaux de toute nature et les aqueducs tendant du nord au midi seront considérés comme mitoyens entre les propriétés riveraines en deçà et en delà ; et ceux qui tendent de l'est à l'ouest, et *vice-versa*, seront sensés appartenir entièrement au propriétaire inférieur, à moins de titres contraires. Les témoins ne seront admis que pour déclarer et confirmer ce qui est contenu dans les actes publics et privés.

Art. 3. — Les digues des canaux, des moulins seront considérées comme appartenant aux propriétés contiguës ; mais le propriétaire du moulin aura le droit d'y passer pour dévier les eaux, y déposer et y laisser toutes les bourbes du canal, lors-même qu'elles auraient été apportées par une inondation extraordinaire.

Art. 4. — Il ne sera pas permis aux propriétaires inférieurs, qui n'ont point de titres légitimes ou qui ne seront point en possession de servitudes pour l'usage des eaux, de s'introduire dans les propriétés supérieures pour dévier les eaux, sous peine de 6 fr. d'amende pour chaque contravention commise pendant le jour, et de 10 fr. pour celles commises pendant la nuit.

Art. 5. — Ceux qui jouissent des eaux qui coulent le long des chemins vicinaux ou qui les traversent, encourront une amende de 6 fr., toutes les fois qu'ils laisseront déverser les eaux sur lesdits chemins.

Art. 6. — Tous les propriétaires dans les biens-fonds desquels existent des canaux destinés à recevoir uniquement les eaux pluviales, devront les nettoyer à leurs propres frais; mais si les canaux servent uniquement à conduire les eaux au bénéfice des biens-fonds inférieurs, les propriétaires de ces derniers devront les nettoyer. A cet effet, il leur sera permis de s'introduire et passer dans les propriétés supérieures pour faire lesdits nettoyages, qui devront s'effectuer tous les ans dans le courant du mois d'août, sous peine de 2 fr. d'amende. Les bourbes seront déposées latéralement audit canal.

Art. 7. — On ne pourra ouvrir ou laisser ouvert aucun canal au pied des berges, sauf à la distance de 4 *pans*, et on ne pourra cultiver le terrain, jusqu'au pied desdites berges, sans laisser la distance de 2 *pans* de terrain inculte, sous peine de 2 fr. d'amende.

TITRE IX

DES PETITS TORRENTS DITS VALLONS

Article Premier. — Il ne sera permis à qui que ce soit d'exécuter, sur les vallons, aucun ouvrage qui puisse empêcher l'écoulement des eaux pluviales, de faire des digues qui, repoussant les eaux, fassent courir le risque d'inondation ou de corrosion et ce, sous peine d'une amende de 10 fr.

Art. 2. — Personne ne pourra couper les arbres plantés sur les berges des vallons qui leurs servent de digue, au-dessous de la hauteur de 5 *pans* du niveau du sol, sous peine de 3 fr. d'amende pour chaque arbre coupé; si les arbres sont déracinés, l'amende sera double, à moins que le propriétaire ne voulût construire une digue qui serait, à dire d'expert, d'égale ou de meilleure défense; dans ce cas, on pourra seulement couper les arbres qui s'opposeraient à la construction de cette nouvelle digue, le long desdits vallons.

Art. 3. — Quand il y aura danger d'inondation de quelque propriété, la personne chargée de la surveillance devra, sur la demande d'un seul intéressé, se transporter sur les lieux avec un expert, et s'ils reconaissent qu'une réparation soit nécessaire, ils dresseront un simple procès-verbal de l'état des choses. Ordre sera donné d'exécuter immédiatement les travaux. Il sera dressé à cet effet, dans les huit jours qui suivront la visite des lieux, le devis de la dépense, et dans le cas où elle dépasserait la somme de 100 fr., il sera procédé à des enchères publiques, et les travaux seront adjugés au plus offrant.

Art. 4. — Concourront aux réparations des vallons, tous les propriétaires auxquels, d'après avis d'experts, lesdites réparations profiteront. Ce concours sera réglé proportionnellement aux bénéfices qu'ils en retireront.

Art. 5. — Le propriétaire d'un bien-fonds traversé par un vallon pourra, avec la permission de la personne chargée de la surveillance, et à ses propres frais, le réduire en ligne droite, pourvu qu'il n'en résulte aucun dommage aux propriétés inférieures et latérales. A défaut, la personne chargée de la surveillance ne devra jamais permettre aucune modification du lit desdits vallons.

Art. 6. — Dans les cas de nécessité, on pourra ordonner le labourage desdits vallons et même l'extraction du gravier de leur lit, aux frais communs des propriétaires des biens-fonds latéraux, jusqu'au point où, au dire d'expert, les eaux pourront arriver en cas d'inondation.

Art. 7 — S'il était nécessaire, pour obtenir un libre passage dans lesdits vallons, de construire quelque pont, la personne chargée de la surveillance pourra, sur la demande qui lui en sera faite, en ordonner la construction, de la même manière que celle indiquée ci-dessus pour ce qui concerne les réparations, et les frais seront répartis entre les possesseurs des biens, pour la culture desquels lesdits ponts peuvent être utiles.

Art. 8. — La personne qui, sous quelque prétexte que ce soit, enlèverait une portion quelconque des digues-murs, ou ponts desdits vallons, bien que ce ne fût qu'une seule pierre, serait punie d'une amende de 10 fr.

Art. 9 — Si la rupture excède la largeur de 2 *pans*, l'amende sera double.

TITRE VII

DES CHEMINS

Art. 1er. — La largeur des chemins vicinaux devra être de six palmes, et aux angles, de huit palmes.—Qui les altèrera en quelque manière que ce soit, encourra une amende de 2 fr.

Art. 2. — S'il existait le long des chemins, tant publics que vicinaux, un puits, un aqueduc, ou un fossé, le propriétaire des mêmes sera tenu d'y construire, à ses frais, un parapet, sous peine de 10 fr.

Art. 3. — Chaque propriétaire d'un bien-fonds sur lequel grévera une servitude de passage en faveur d'autrui, pourra varier pour une seule fois le lieu de la servitude, sans toutefois occasioner trop de dérangement à qui a le droit de passage.

En cas de contestation sur le dérangement que pourrait apporter un tel changement, on s'en rapportera à la décision de l'officier qui se rendra à cette fin sur les lieux, accompagné des experts choisis par les parties ou nommés d'office, et qui prononcera en cas de différend entre ceux-ci.

Art. 4. — Celui qui a le droit de détourner les eaux de la propriété d'autrui, pourra s'introduire sur cette même propriété, mais simplement pour l'effet de ladite déviation.

Art. 5. — Celui qui aura arrosé ses terres ne pourra jeter sur la voie publique les eaux ayant servi à cet arrosage; mais il devra les remettre dans leurs canaux respectifs, sous peine de 2 fr.

Art. 6. — Comme les berges, dans ce territoire, ont été de tout temps considérées comme un appendice du fonds supérieur, elles continueront à être regardées de la même manière à l'avenir, quoiqu'elles soient séparées par un chemin public ou vicinal; et il ne sera jamais donné lieu à aucune raison de possession relativement aux mêmes, à moins qu'elle ne soit de temps immémorial, ou appuyée d'un titre légitime.

Art. 7. — L'officier, sur l'instance des personnes qui pourront y avoir intérêt, visitera les chemins vicinaux, et dans le cas où ceux-ci auraient besoin de réparations, il pourra les ordonner et les faire exécuter aux frais des propriétaires des terres qui en tireront avantage, sauf le droit à ceux-ci de s'en faire rembourser par qui aurait occasionné les dégâts.

Art. 8. — Il est interdit à qui que ce soit de jeter et transporter sur les chemins des décombres, pierres et autres choses semblables, sous peine de 2 fr. d'amende, outre l'obligation d'enlever les matières jetées ou transportées; et si le délinquant ne pouvait être découvert, les propriétaires, locataires ou métayers des fonds latéraux seront tenus de déblayer les chemins desdits décombres et pierres.

Art. 9. — Les réparations dépassant la somme de 100 fr. seront mises aux enchères publiques par l'officier, lequel les adjugera à la personne qui aura fait l'offre la plus avantageuse.

TABLE DES MATIÈRES

—◇◇◇—

—

PREMIÈRE PARTIE

Usufruit. — Coupes de bois.

—

DEUXIÈME PARTIE

Servitudes — Eaux

Bornage

Parcours et vaine pâture

Arbres. — Distance

Fruits tombés sur l'héritage voisin

10

Tour d'échelle

Clôtures forcées

—

CINQUIÈME PARTIE

Métayers

—

SIXIÈME PARTIE

Domestiques

—

SEPTIÈME PARTIE

Mouture des céréales. — Pressurage des noix

Mouture et pressurage des olives

Tissage des laines et chanvres

Cuisson du pain

Travail agricole

Maturité des fruits

Marchés

Enlèvement des terres et matériaux appartenant aux communes

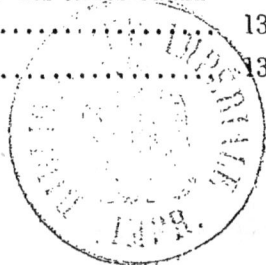

TABLE ALPHABÉTIQUE

Nice. — Typ. V.-Eugène GAUTHIER et Cᵉ, imprimeurs de la Préfecture.

www.ingramcontent.com/pod-product-compliance
Lightning Source LLC
Chambersburg PA
CBHW050115210326
41519CB00015BA/3975